2040
미래 예측

옮긴이 아리프

낮에는 직장에서 일을 하고 밤에는 집에서 책을 읽는 평범한 직장인이다.

고민이 있으면 책에서 답을 찾으려고 노력한다.

덕분에 많은 책을 읽을 수 있었고 번역까지 하게 되었다.

아리프(Arif)는 '현명하고 지혜롭다'라는 의미의 아랍어다.

현명하고 지혜롭게 살고 싶은 마음에서 필명으로 쓰고 있다.

옮긴 책으로 《유튜버가 사라지는 미래》가 있다.

2040 미래 예측

테크놀로지의 진보만이 미래를 밝게 한다

초판 발행 2022년 9월 15일

지은이 나루케 마코토 **옮긴이** 아리프 **펴낸이** 이성용 **책디자인** 책돼지

펴낸곳 빈티지하우스 **주소** 서울시 마포구 성산로 154 4층 407호(성산동, 중영빌딩)

전화 02-355-2696 **팩스** 02-6442-2696 **이메일** vintagehouse_book@naver.com

등록 제 2017-000161호 (2017년 6월 15일) **ISBN** 979-11-89249-70-0 03320

2040
미래 예측

테크놀로지의 진보만이
미래를 밝게 한다

살아남는 것은 우수한 사람이 아니라 환경에 적응한 사람이다!!
현재를 읽고 미래를 예측하는 사람만이 살아남는다!!

나루케 마코토
일본 마이크로소프트 전 대표 지음

아리프 옮김

빈티지하우스
VINTAGE HOUSE

프롤로그

2022년 현재, 우리는 지하철에서 책을 읽는 사람들을 찾아보기

힘들어졌습니다. 처음 가는 동네에서 길을 묻기 위해 부동산을 찾는

사람도 거의 없을 것입니다.

이 같은 변화는 왜 일어났을까요?

네, 그렇습니다. 이 모든 변화는 스마트폰의 보급으로 생겨난 일입니다.

한국에서 애플의 '아이폰'이 처음 발매된 것은 2009년 11월이었습니다.

지금으로부터 불과 13년 전인 2009년만 해도 스마트폰이 없는 삶이

일상이었습니다.

13년 전, 당신은 몇 살이었나요?

그리고 13년 전, 당신은 이와 같은 변화를 예측하고 있었나요?

스마트폰이 처음 나왔을 때만 해도 사람들의 평가는 회의적이었던 것으로

기억합니다. "이렇게 비싼 장난감을 누가 사겠냐", "지금의 휴대전화로

충분하다"라는 목소리가 많았죠. 그러나 지금은 어떤가요? 스마트폰이 없는

삶이란 상상하기 어려울 정도입니다.

스마트폰만이 예외가 아닙니다. 새로운 기술이 처음 등장했을 때는 대체로

대부분의 사람들이 부정적인 입장을 표명합니다. 이것이 대중의 특징입니다.

부정적인 의견이 팽배하는 가운데 새로운 기술이 세상을 바꿀 가능성이

있다는 것을 깨닫는 사람은 극히 일부일 뿐입니다. 그리고 남들보다

그 가능성을 먼저 눈치챈 사람들의 인생은 말씀드릴 필요가 없습니다.

새로운 기술의 가능성을 모두가 알아차릴 쯤에는 이미 그 기술이 진부해졌을

때입니다. 기술뿐만 아니라 다른 것들도 마찬가지입니다. 어떤 사실을

깨달았을 때는 이미 늦었을 경우가 많습니다. 동일본 대지진만 봐도

그렇습니다. 분명 대지진의 위험성을 알고 있었지만, 재해가 발생할 때까지

손을 놓고 있었습니다. 문제가 발생할 것이 확실한 사회보장제도도 문제가

발생할 때까지 어떻게든 붙잡고 버티려고만 합니다. 일본의 국내총생산GDP는

성장을 멈춘지 오래고, 저출산 고령화로 인해 노인 인구만 늘어나고 있습니다.

사람이 죽지 않는 한 20년 후 미래는 누구에게나 찾아옵니다. 그렇기에

지금이 아니라면 문제를 해결할 기회가 영영 없을지도 모릅니다.

만약 당신의 미래에 어떤 가능성과 위험이 있는지 알고 문제를 해결하고 싶다면, 열린 마음과 상상력을 가지고 이 책을 읽어주시길 바랍니다.

스마트폰이 보급된 지 13년이 지났지만, 13년 전과 다름없이 매년 홍백가합전*이 열리고 있는 것도 사실입니다.

예나 지금이나 새해 첫날에 명절 음식을 먹고, 5,000**원으로 편의점 도시락을 살 수 있으며, 유니클로 청바지를 입고 있습니다. 스마트폰이 처음 출시된 해에는 이미 유니클로 청바지가 1,000만 장 이상 팔리며 패션 시장을 석권하고 있었습니다. 어떻게 보면 스마트폰이 보급되었지만 우리의 생활 수준은 크게 변하지 않았습니다.

하지만 스마트폰으로 인해 우리의 생활은 13년 전과는 다른 많은 선택권을 갖게 되었습니다.

집밥이 지겹다면 집에서 배달 서비스인 '우버 이츠Uber Eats'를 통해 음식을 주문하고, 집에서 리모컨을 차지할 수 없다면 스마트폰으로 '넷플릭스Netflix' 영화를 보거나 '스포티파이Spotify'로 음악을 들으면 됩니다.

* 일본의 연말 가요제
** 환율 100엔 = 1,000원 적용

길을 잃는 일도 '구글맵'의 등장 이후 많이 줄어들었습니다. 스마트폰만 있으면 택시도 바로 부를 수 있고, 스포츠 경기의 결과는 뉴스 사이트에서 실시간으로 확인 가능하며, 라디오도 라디오앱으로 언제나 듣고 싶은 방송을 들을 수 있게 되었습니다.

결국, 우리의 생활 수준은 크게 달라지지 않았지만 새로운 기술로 인해 삶의 방식은 송두리째 바뀌었습니다. 이것이 스마트폰의 등장 이후 약 10년간의 변화입니다.

그리고 지난 10년보다 앞으로 10년 후의 미래 세계는 더 빠르고 더 크게 바뀔 것입니다.

지난 10년의 변화는 주로 정보통신의 대용량 고속화로 이루어졌습니다. 이 대용량 고속화는 앞으로 더욱 크고 빠르게 진행될 것입니다. 이미 스마트폰으로 스트레스 없이 동영상을 시청할 수 있게 되었고, 집에서 재택근무와 화상회의를 할 수 있게 되었지만, 그 혜택은 더욱 커질 것입니다.

2030년에는 제6세대 이동통신 시스템인 '6G'가 상용화 되었을 것으로 예상됩니다. 6G가 실용화되면 얼마 전까지 다운로드에 5분 정도 걸리던 2시간 분량의 영화가 단 0.5초도 안되는 시간에 다운로드 됩니다. 말 그대로 눈 깜짝할 사이에 다운로드가 되는 것입니다.

이같은 정보통신의 대용량 고속화는 단순히 영화를 빠르게 다운로드 받는

것에 머물지 않고 지금은 상상하지 못하는 새로운 서비스와 삶의 변화를

가져올 것입니다.

또한, 정보통신 기술의 발전은 정보통신의 사각지대를 사라지게 합니다.

위성으로 우주에 거대한 통신망을 구축하면 산간벽지, 외딴섬에서도 초고속

인터넷 접속이 가능해집니다. 우주에서 위성으로 인터넷 신호를 보내는

방식을 활용하면 광섬유 등의 케이블을 깔 필요가 없기 때문에 소형 안테나만

있으면 개발도상국에서도 충분한 통신속도를 누리게 됩니다.

이 계획의 중심에 테슬라의 일론 머스크가 있습니다. 일론 머스크는

'스페이스X'를 통해 최종적으로 4만 2,000기의 소형 위성을 띄워 지구 어느

곳에서도 인터넷 접속이 가능하도록 만들고 있습니다. 이미 2020년 미국과

캐나다 일부 지역에서 서비스를 시작했으며, 이후 전 세계에 서비스를 제공할

예정입니다.

정보통신의 질과 양이 과거와 비교할 수 없을 만큼 발전하는 시대가 우리를

기다리고 있는 것입니다.

정보통신 기술의 발전과 더불어 발전하는 것이 '모든 것의 컴퓨터화'입니다.

가전제품이나 자동차뿐만 아니라 안경과 같이 몸에 착용하는 물건이나

거리의 모든 곳에 반도체가 내장되어 항상 인터넷에 연결된 상태가 됩니다.

초고속 통신으로 수많은 곳에서 정보가 수집되고 방대한 빅데이터가

축적되어 분석되기 시작하면, 모든 분야에서 인공지능AI의 실용화가 일시에

진행될 것입니다.

1장에서 자세히 다루겠지만 2030년에는 자율주행차도, 하늘을 나는

자동차도, 드론으로 배송을 받는 세계도 현실이 될 것입니다. 그리고 이와

같은 기술의 가속적인 발전에 필수적인 요소로 주목해야 하는 것이 중국의

존재입니다.

중국이 눈부신 경제성장을 이루었다는 것은 모두가 잘 알고 있습니다.

2007년에 이미 중국은 독일을 제치고 세계 3위의 경제대국 자리를

차지하였고, 2010년에는 일본을 제치고 세계 2위의 경제대국으로

부상했습니다. 그리고 순식간에 중국의 GDP는 일본의 3배 정도로

늘어나게 됩니다.

미국에서는 어디까지나 자본주의의 원칙 아래에서 민간기업이 중심이 되어

기술을 개발하고 있지만, 중국은 국가 주도로 몇십억 달러의 국가 예산을 투입해 인공지능과 같은 미래 기술에 집중 투자를 하고 있습니다.

어느 쪽이 좋은지가 아니라, 미국과 중국이 경제와 기술 패권을 놓고 본격적인 경쟁을 시작했다는 것이 중요합니다. 이로써 기술 개발의 속도는 더욱 빨라질 수밖에 없습니다. 끊임없는 경쟁이 일어나면 기술은 획기적으로 발전하기 때문입니다.

지금도 중국의 안면인식 기술은 세계 최정상급입니다. 인구가 많은 것뿐만 아니라 국가 주도로 엄청난 인구의 개인정보를 수집하여 기술 개발에 활용하고 있기 때문입니다. 인권과 사생활을 중요하게 생각하는 민주주의 국가에서는 상상할 수 없는 방식으로 기술을 개발하고 있는 것입니다. 그 결과, 데이터의 모수가 많음은 비교도 안되고 인공지능의 정밀도는 높아질 수밖에 없습니다.

2030년에는 자율주행차나 하늘을 나는 자동차, 드론을 이용한 배송도 당연하게 될 것이라고 말했지만, 이러한 이야기를 하면 "설마……"라며 놀라는 사람들도 있습니다. 하지만 여러분이 눈치채지 못했을 뿐, 이러한 미래는 확실하게 현실이 되고 있습니다. 그리고 새로운 기술은 시시각각으로 사회를 바꿔 나가고 있습니다.

첫머리에서 언급했지만, 성장이 멈춘 경제, 파탄을 앞둔 사회보장제도,
줄어드는 인구, 언제 일어날지 모르는 천재지변 등, 이 책은 당신의 미래에
어떠한 가능성과 위험이 있을지를 알아보고 스스로 대책을 세울 수 있도록
현재의 정보를 바탕으로 2040년의 미래를 예측했습니다. 따라서 책을 읽다
보면 희망찬 미래와 함께 미래의 어두운 면도 엿볼지 모릅니다. 하지만
이 모든 것을 바꿀 수 있는 것이 테크놀로지, 즉 기술입니다.

대중들은 새로운 기술을 처음에는 바보 취급합니다. 20세기 다임러가
자동차를 만들었을 때나, 19세기 라이트 형제가 비행기를 발명했을 때도
대중들은 그 가치를 알지 못했습니다. 그러나 그 '바보 같은' 일을 믿고
실현하기 위해 노력한 사람들이 지금까지의 역사를 만들어 왔습니다.
중요한 것은 앞으로 일어날 테크놀로지의 변혁이 이미 그 싹을 틔우고 있다는
점입니다. 아무것도 없는 곳에서 갑자기 새로운 기술이 튀어나오지 않습니다.
새로운 기술의 새싹은 지금 우리 주변에서 그 싹을 틔우기 위해 노력하고
있습니다. 그것을 바보 취급을 할 것인지 아니면 남들보다 빠르게 알아보고
미래의 기회로 삼을 것인지는 자기 하기 나름입니다.

기술뿐만 아니라, '오늘 하루'에는 앞으로 일어날 미래의 싹이 있습니다.

현재를 잘 살펴볼 수 있다면, 누구나 미래의 모습을 예측할 수 있습니다.

거듭 말하지만, 20년 후 미래는 누구에게나 찾아옵니다.

그때, 당신의 미래가 조금이라도 밝아지도록 이 책이 도움이 되길 바랍니다.

차례

chapter 02

당신의 삶과 직결되는 미래의 경제

chapter 03
미래를 예측하는 힘을 기른다

chapter 04

천재지변은 반드시 일어난다

chapter 01

기술의 진보가
미래를 밝게 만든다

100년 동안 세상은
믿기 어려울 만큼
바뀌었다

지금으로부터 100년 전, 역사상 가장 뛰어난 물리학자로 알려진 알베르트

아인슈타인이 일본을 방문한 적이 있었습니다. 1장에 들어가기에 앞서 100년

전 아인슈타인의 일본 방문을 한번 살펴보겠습니다.

1922년 어느 가을날, 아인슈타인은 그의 부인 엘다와 함께 일본 방문을 위해

프랑스 마르세이유 항구에서 배를 탔습니다. 수에즈 운하를 거쳐 일본에

도착하는 항해는 무려 40일이나 걸리는 긴 여정이었습니다.

긴 여행은 사람을 지치게 했고, 아인슈타인은 배에서 복통과 설사, 구토의

증상을 겪고 있었습니다. 다행히도 같은 배에 의사가 탑승하고 있었지만, 당시 여객선은 제대로 된 의료 설비를 갖추고 있지 않았기에 진찰은 어쩔 수 없이 간략하게 이루어졌습니다. 급성위장염 처방을 받은 아인슈타인은 다행히도 증세가 가벼워졌다고 합니다.

참고로 아인슈타인은 일본에 도착하기 직전에 여객선에서 노벨상 수상을 정식으로 알리는 전보를 받았다고 합니다. 아인슈타인의 업적으로는 상대성 이론이 가장 유명하지만, 노벨상을 수상한 연구는 '광전 효과'였습니다.

일정보다 하루 늦게 고베에 도착한 아인슈타인은 교토로 이동하여 호텔에서 하룻밤을 보내게 됩니다. 다음날 아침 자동차로 교토를 한 바퀴 둘러본 아인슈타인은 특급열차를 타고 도쿄로 향합니다. 10시간 후 도착한 도쿄역에는 그를 마중 나온 사람들로 발 디딜 틈이 없었습니다. 아인슈타인은 언론과 군중에 둘러쌓여 그를 환영하는 함성과 함께 수많은 사진 촬영 플래시 세례를 받았습니다.

다음날 게이오대학에서 열린 강연에는 2천 명이 넘는 청중이 몰려들었고, 5시간이나 되는 <특수 및 일반 상대성 이론에 대하여>라는 강연을 들었다고

합니다. 이후 아인슈타인은 43일간 일본에 머물며 기차로 일본 전역을 돌게
됩니다. 그의 일정은 매일같이 신문에 보도되었고, 도착하는 역마다 엄청난
군중이 기다리고 있었습니다. 아인슈타인의 일본 방문으로 당시 일본에서는
물리학 붐이 불기도 했습니다.

아마도 당시 사람들은 믿지 못했을 것입니다. 100년 후에는 프랑스에서
일본까지 40일간의 선박 여행 대신 12시간의 비행기 여행이 가능하다는
사실을 말입니다. 아인슈타인이 10시간을 보낸 교토-도쿄 간 특급열차는
신칸센으로 2시간 정도밖에 걸리지 않습니다.
애초에 아인슈타인이 유럽에서 멀리 일본까지 오지 않아도 온라인으로
강연을 할 수 있고, 녹화된 강연은 필요할 때 언제든 다시 볼 수 있다는 사실을
알게 된다면 아인슈타인은 어떤 표정을 지을까요?

당시 아인슈타인이 노벨상을 수상한 '광전 효과'는 이후 수많은 기술의 근원이
되었다고 해도 좋을 것입니다. 이것에 대해서는 나중에 자세히 설명하겠지만,
안타까운 점은 아인슈타인 자신은 '광전 효과'의 혜택을 받지 못했다는
것입니다.

100년 후에는 사람들이 각자 전화를 가지고, 그 전화로 세계에서 발생하는 사건들을 실시간으로 알게 된다거나, 음성 통화뿐 아니라 화상 통화, 영화 시청까지 할 수 있다는 사실을 알았다면 아인슈타인은 깜짝 놀랐을지 모릅니다.

아인슈타인에게 노벨상 수상 소식을 전한 전보는 긴급한 경우에 사용했던 것이지만, 현재는 거의 사용되지 않습니다. 여객선에 의사가 우연히 탑승하고 있지 않았어도, 모니터 너머로 의사에게 진찰을 받을 수 있다고 알려준다면 얼마나 감동할까요.

카메라도 필름의 현상을 아무도 하지 않게 되었습니다. 아인슈타인의 일본 방문을 연일 화려하게 전했던 신문은 이제 젊은 세대가 거의 읽지 않게 되었다는 사실은 받아들이기 어려울 것입니다.

이것들은 불과 100년 전의 이야기입니다. 그만큼 지난 100년 동안 믿기 어려울 만큼 기술은 진보하였고, 그 기술로 인해 우리의 삶은 놀라울 만큼 변화하였습니다.

새로운 기술이
등장했을 때
사람들은 반대한다

말씀드렸듯이 새로운 기술이 등장하면 많은 사람들이 새로운 기술에

반대합니다.

19세기 말 카메라가, 20세기 초 영화가, 20세기 말 비디오게임이 등장했을

때, 모두 처음에는 받아들이지 않았습니다. "카메라에 찍히면 영혼을

잡아먹힌다"고 말할 정도였으니까요.

하지만 지금은 어떤가요? 이 세 가지 기술이 없는 삶을 상상할 수 있을까요?

이러한 사실은 역사적으로 새로운 기술이 어떻게 사회에 받아들여졌는지를

알려주는 귀중한 단서가 됩니다. 그리고 당신도 그러한 역사의 산증인이 된

사례가 있습니다. 바로 휴대전화의 도입입니다.

1970년대 말 휴대전화가 처음 등장하고 한동안은 군대에서 쓰였던

무전기 크기였던 것을 기억하는 사람도 있을 것입니다. 그 후, 1999년에

NTT도코모에서 세계 최초의 모바일 인터넷 서비스인 'i모드'를 시작했을 때도

전화에 그런 기능은 필요 없다는 지적이 있었으며, 애플의 아이폰이 처음

등장했을 때도 값비싼 장난감이라는 평가를 받기도 했습니다.

하지만 지금은 어떤가요? 스마트폰 중독은 물론 아이부터 어른까지

걸으면서도 스마트폰을 만지는 것이 사회 문제가 될 정도로 우리의 삶에서

스마트폰은 빠질 수 없는 존재가 되었습니다.

스마트폰이라는 것을 처음으로 대중에게 알린 최초의 아이폰이 나온 것이

2007년이었습니다. 그리고 단 몇 년 만에 스마트폰은 우리의 삶을 송두리째

바꿔놓았습니다.

새로운 기술이 등장했을 때, 대중들의 반응은 보통 회의적입니다.

그렇기 때문에, 남들보다 빨리 그 기술의 가능성을 알아챌 수 있는 사람에게는

엄청난 기회가 주어집니다.

새로운 기술은
기존 기술의 조합으로
탄생한다

새로운 기술은 어느 날 갑자기 세상에 나타나는 것이 아닙니다.

예를 들어, 아인슈타인의 발견은 지금까지 수많은 과학자와 기술자들이

응용하여 새로운 기술로 발전시켜 왔습니다.

아인슈타인은 당시까지 전자기파로 생각했던 빛이 사실은 "전자기파인

동시에 전자이기도 하다"라는 사실을 발견했습니다. 이것이 아인슈타인을

노벨상 수상자로 만들어준 '광전 효과'입니다.

광전 효과에 대해 간략하게 설명하면, 어떤 물질에 빛을 쪼였을 때

전자기파였던 빛이 전자로 바뀌거나, 전류가 되거나, 전기 저항이 변화하는

현상을 말합니다. 빛을 쪼였을 때 무엇이 나오는지는 물질에 따라 다양합니다.

다음 그림을 살펴보겠습니다.

우리 주변에서 쉽게 찾을 수 있는 광전 효과를 응용한 기술로는

자동 점등기가 있습니다. 어두워지면 자동으로 스위치가 켜지거나 꺼지는

자동 점등기를 본 적이 있을 것입니다. 이것은 회로에 특정 센서를 장착하여

주위의 빛을 전자로 바꿔 전류를 흐르게 하는 것입니다.

예를 들어, 빛의 양이 많아지면 스위치를 끄고, 반대로 빛의 양이 적어지면

스위치를 켜줍니다.

이처럼 광전 효과는 빛을 전자로 바꾸는 기기에는 거의 모든 곳에 사용되고

있습니다. 태양전지 패널을 이용하여 전기를 발전하거나 디지털카메라로

영상을 기억하는 기술도 모두 광전 효과를 응용한 것입니다.

또한 광전 효과의 "빛은 전자기파인 동시에 전자이기도 하다"라는 발상은

양자역학의 시작이기도 했습니다. 따라서 아인슈타인은 양자론의

개척자이기도 한 것입니다.

디지털 기술의 발전을 이야기할 때 반도체를 빠뜨릴 수 없습니다.

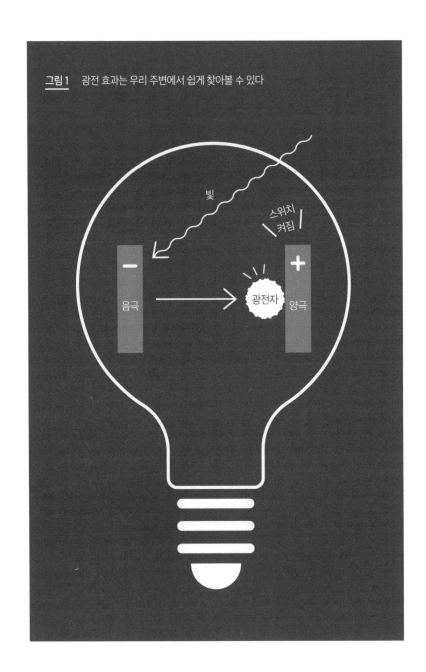

그림 1 광전 효과는 우리 주변에서 쉽게 찾아볼 수 있다

반도체 기술은 양자역학에 의해 크게 발전해왔기 때문에, 아인슈타인의

발견이 지금의 디지털 기술 발전에 영향을 줬다고 할 수도 있을 것입니다.

아인슈타인의 예가 아니더라도 새로운 기술은 갑자기 나타나지 않습니다.

새로운 기술은 이미 있는 기술의 개량이거나 조합으로 등장하는 것이

대부분이기 때문입니다.

지금부터 60년 전에 이미 하늘을 나는 자동차가 있었다는 사실을 아시나요?

1956년 미국 민간항공관리국CAA은 에어로카인터내셔널에 하늘을 나는

자동차의 운용을 허가했습니다. 불과 6대밖에 팔리지 않았지만, 이 시대에

하늘을 나는 자동차의 실용화를 위해 도전한 사람이 있었던 것입니다.

꿈의 의료 기술이라고 불리는 유전자 치료도 DNA 구조가 처음 발견된

1953년부터 구상되고 있었습니다.

제가 말씀드리고 싶은 것은 지금을 보면 미래가 보인다는 점입니다.

과거에 황당무계하다고 여겨졌던 것 가운데 많은 것들이

현재 실용화되고 있습니다.

20년 전인 2000년대 초반까지만 해도 자율주행차는 기술적으로

불가능하다고 했습니다. 바둑에서 컴퓨터가 인간을 이기는 것도 어렵다고

생각되었죠. 하지만 현실은 어떤가요?

실현이 불가능하다거나 만약 실현된다고 해도 먼 미래의 일로 생각했던

기술들이 하나씩 실현화되었습니다. 게다가 **아인슈타인이 살았던 시절과**

비교하면 기술의 발전 속도는 가속적으로 빨라지고 있습니다.

잠시 20년 후 미래를 상상해봅시다. 창밖으로 무인항공기와 하늘을 나는

자동차가 오가는 세계는 현실이 되었을 것입니다. 곳곳에는 감시카메라가

설치되어 있고, 어디에나 센서가 부착되어 당신의 행동은 물론

건강상태까지 파악될 것입니다.

현재 시점에서는 많은 사람들이 이러한 미래를 믿지 않을지 모릅니다.

하지만 20년이 지난 미래에는 스마트폰처럼 누구나 당연하게

이러한 기술을 사용하고 있을 것입니다.

새로운 기술이 나왔을 때 회의적인 것이 인간의 본성이라고 말했지만,

아마도 이 책을 읽고 있는 당신은 미래를 더 좋은 기회로 만들고자 하는

사람일 것입니다.

그러기 위해서는 기술이 어떻게 세계를 바꾸는지를 알아야 합니다. 기술에

둔감한 것은 대중이라는 증거입니다. 기술의 가능성을 알고 그곳에 베팅할 수 있는 사람만이 대중에서 벗어날 수 있습니다.

이 장에서는 본격적으로 2040년의 기술에 대해 살펴보겠습니다.

5G가
미래를 어떻게
바꿀 것인가

운전기사가 없는 자율주행 버스, 드론에 의한 배달, 로봇을 이용한 원격 수술,

건강검진을 해주는 거울 등. 2040년에는 이러한 기술들이 실용화되고 있을

것입니다. 우리는 이미 그 세계를 향해 달려가고 있습니다.

우리가 상상하는 미래 기술의 토대가 되는 것이 정보통신 기술입니다.

2040년에 실용화된다고 언급한 기술들은 모두 '많은 정보를 고속으로

전달함으로써 실현이 가능해지는 기술'입니다.

그리고 정보통신 기술의 기본이 되는 것이 5G입니다.

각종 통신사의 광고에서 5G라는 용어를 들어본 적이 있을 것입니다. 현재 화제의 중심이 되는 5G란 무엇일까요?

5G는 5세대 이동통신이라는 의미로, 2019년부터 실용화되고 있는 국제 이동통신 규격을 말합니다.

이동통신은 국제적으로 주파수나 통신 방식을 통일하고 있습니다.

전 세계에서 통일된 규격을 사용하고 있기 때문에 스마트폰을 애플의 아이폰을 사용하든 삼성전자의 갤럭시를 사용하든 단말기를 따지지 않고 국내외 어디에서도 통신을 할 수 있습니다.

이제부터 5G를 쉽게 설명하기 위해 휴대전화를 예로 들어 통신의 세계가 지금까지 어떻게 발전해왔는지 살펴보겠습니다.

이동통신 규격은 거의 10년마다 다음 세대로 진행되어 왔습니다.

일본전신전화공사(현 NTT)가 아날로그 방식의 1G를 시작한 것이 1979년이었습니다. 어깨에 가방 크기의 전화를 메고 다니던 숄더폰의 시대입니다. 자동차의 설치된 카폰도 마찬가지입니다.

그로부터 약 14년 뒤인 1993년에 디지털 방식의 2G가 시작됩니다. 40대 이상은 기억할지 모르는 PHS*가 2G입니다.

그리고 2001년 NTT도코모가 W-CDMA라고 부르는 방식으로 3G 서비스를

시작했습니다. CDMA 방식부터는 많은 사람의 기억에 있을지 모릅니다.

휴대전화로 메일이나 사진을 보내는 것이 불편하지 않게 된 것도 이

무렵입니다.

그리고 2010년부터 지금까지 가장 많이 사용하고 있는 LTE(4G)가

시작됩니다.

세대가 대체되면 엄청나게 통신속도가 빨라지는 것은 물론 정보의 전달량도

늘어나게 됩니다. 지금까지 살펴본 30년 동안 최대 통신속도는 약 10만 배

정도 빨라졌습니다.

그리고 4G에서 5G로 바뀌면서 통신속도는 더욱 빨라지고 정보 전달도

대용량화가 진행됩니다. 5G는 4G의 최대 100배의 속도를 보인다고 합니다.

그 변화를 구체적으로 설명하면, 2시간 분량의 영화를 다운로드할 때 4G로

5분 걸리던 것이 5G라면 3초 정도로 가능해집니다. 과거 집에서 영화를 보기

위해 대여점에서 빌려 보던 것이 집에서 3초 만에 볼 수 있게 된 것입니다.

*   PHS는 일본에서 최초 개발된 방식으로 한국의 시티폰과 유사하다.

이렇게 되면 선명한 영상을 스트레스 없이 전달하고 시청하는 것으로 끝나지 않습니다. AR(증강현실)이나 VR(가상현실)의 이용도 더욱 쉬워져 대중화가 가능해집니다. **핵심은 통신속도가 빨라지고 정보 전달량이 늘어날수록 이것이 세상을 바꾼다는 점입니다.**

그럼에도 현재는 5G 기지국이 한정되어 있어 평소에는 4G로 연결되다 때때로 5G가 연결되는 상황입니다. 마치 4G라는 큰 바다에 5G라는 섬이 여러 개 존재하는 이미지가 맞습니다.

5G가 더욱 진화하는 것이 6G입니다. 지금까지의 역사를 되돌아보면 6G는 2030년경에 실용화될 것으로 예상됩니다.

그림 2 통신 기술은 10년마다 다음 세대로 진화한다

1G
솔더폰   **1979년**

2G
PHS   **1993년**

3G
사진 전달이
수월하게
2001년

4G (LTE)
통신속도가 빠르고
정보 전달량이 많은
2010년

5G
4G의 10배 속도
2020년

6G
5G의 10~100배의 속도,
동시에 접속할 수 있는
기기가 1000만대
2030년

6G로
대량의 정보를
더 빠르게 주고받는다

2040년에는 대중화되었을 것으로 예상되는 6G가 우리의 삶을 어떻게

바꿀까요?

6G의 통신속도는 5G의 10~100배 정도 더 빠른 것으로 알려져 있습니다.

스마트폰 등 디지털 기기를 사용할 때 잠시 기다리는 시간은 우리를 불편하게

만듭니다. 의도했던 페이지가 열리지 않거나, 통신이 끊어져서 스트레스를

받았던 기억이 누구나 있을 것입니다. 단 몇 초의 시간이 짧아지는 것으로도

스트레스가 크게 줄겠지만 6G의 진정한 장점은 그것만이 아닙니다.

5G 환경에서는 실내에 있는 물건의 정확한 위치를 파악하는 것이 쉽지

않습니다. 그러나 6G 환경이 구축되면 실내외에 위치한 모든 기기가 인터넷에

상시 연결되기 때문에 물건의 위치를 수 센티미터 단위의 정밀도로 파악할 수

있습니다.

6G 시대에는 1제곱킬로미터 당 동시 접속장치 수가 약 1,000만 대로 5G

환경의 10배에 이를 것으로 추정합니다. 1,000만 대의 접속장치 하나하나에

센서가 장착됨으로써 많은 정보가 모여 네트워크를 통한 감지도 가능할

것입니다. 이것은 다시 다양한 서비스의 잠재력을 발생시킵니다.

6G 시대에 수많은 접속장치로 구축된 네트워크는 지상뿐만이 아니라 위성

및 항공기 등에서도 활용될 수 있습니다. 또한 6G 환경이 구축되면 지금보다

소비전력이 줄어들어 에너지 절약이 된다고 알려져 있습니다. 2040년에는

디지털 기기의 1회 충전으로 지금의 10배가 넘는 시간을 사용하는 것도 꿈이

아닐 것입니다.

초고속 통신이 가능한 6G의 등장과 함께 디스플레이어나 영상기기도 함께

발전하여 우리의 라이프스타일 자체가 바뀔 것입니다. VR(가상현실)이나

AR(증강현실) 등은 모두가 사용하는 도구가 되어 집에서 쇼핑할 옷을

입어보거나, 집에서 백화점이나 모델하우스를 둘러보는 서비스도 등장할 것입니다.

현재 5G 환경을 구축하는데 시간이 필요한 것처럼 6G를 위한 통신환경도 하루아침에 갖춰지는 것은 아니겠지만, 2030년경부터 실용화가 시작된다면 2040년에는 모두가 6G 서비스를 사용할 가능성이 높습니다.

모든 사물이
인터넷에
연결된다

6G에 대하여 대략적인 이해를 하셨다면, 지금부터는 6G 환경에서 어떠한

서비스가 가능할지 자세히 살펴보도록 하겠습니다.

지금까지 5G, 6G의 장점에 대해 통신속도의 고속화와 초고속 통신으로

대용량의 데이터를 주고받을 수 있다고 했습니다. 하지만 5G, 6G의 대단함은

초고속 대용량이 가능한 통신환경뿐만 아니라 '저지연'의 실현에 있다고도

합니다.

'저지연'이라는 말이 생소하게 느껴질 수도 있지만 '저지연'은 미래 정보통신

기술의 핵심입니다.

· · · ·

그럼 '저지연'의 통신환경으로 실현 가능한 기술에는 무엇이 있을까요?

'저지연'이란 말 그대로 '지연'이 낮아지는 것을 의미합니다. 즉, 통신의 '느림'이

'적어져' 통신의 연결이나 데이터 교환이 끊어지지 않는 것입니다. 따라서

5G, 6G가 되면 통신이 끊길 가능성이 100만분의 1 이하가 되기 때문에

안정적인 통신 환경이 절대적인 조건이 되는 산업에서도 정보통신 기술의

활용이 가능해집니다.

기억하시겠지만 20년 전만 해도 인터넷은 필요할 때 접속하는 즉, 인터넷에

연결되지 않는 상태가 당연했습니다. 하지만 2040년에는 인터넷에 상시

연결되는 것이 자연스러운 상태가 됩니다.

이것은 컴퓨터와 스마트폰뿐만 아니라, 주변의 모든 사물이 컴퓨터 수준의

처리능력을 갖게 되는 것을 의미합니다. 컴퓨터와 스마트폰에 내장된

칩(반도체)이 지금까지 컴퓨터로 간주되지 않았던 사물 안으로 들어가게 되는

것입니다.

모든 사물에 칩을 내장하여 인터넷과 연결시킨다는 발상을

'IoT(사물인터넷)'라고 부릅니다. 2040년에는 내 주변이 몇조 개나 되는 작은

칩들이 심어진 온갖 사물로 가득 차게 될 것입니다. 컴퓨터는 이제 전기와

수도와 같은 인프라가 되어 컴퓨터라는 호칭이 거의 사라지고 있을지도

모릅니다. 세상 모든 물건들이 컴퓨터가 되는 것이 당연해지기 때문입니다.

6G로
자율주행이
가능해진다

세상 모든 물건들이 컴퓨터가 되는 세상이 실현되면 어떤 세상이 펼쳐질까요?

우선은 진정한 자율주행차가 가능해질 것입니다.

버스, 기차, 트럭 등은 네트워크에 접속되어 진정한 자율주행이 가능해집니다.

따라서 대중교통은 물론 물류도 보다 효율적으로 바뀔 것입니다. 차량마다

카메라나 레이더 등을 포함한 방대한 센서가 장착되어 작동하고, 도로 위의

신호등이나 가로등에도 센서가 장착되어 네트워크를 구축합니다. 주행

중에는 주위의 지도가 자동으로 생성되고, 충돌할 가능성이 있는 통행인이나

차량 등의 움직임도 실시간으로 파악할 수 있을 것입니다.

하늘에는 드론이 오가며 외딴 섬이든 산간벽지든 어디든 원하는 것을 배달해 줄 것입니다. 의사가 없는 지역에서는 원격 수술도 현실이 됩니다. 카메라와 로봇을 통해 누군가의 생명을 원격으로 구할 것입니다. 전문의가 없다는 이유로 세계에서는 매년 1억 건 이상의 수술이 진행되지 못했다는 통계도 있습니다. 원격 수술이 현실이 되면 수많은 생명을 구할 수 있습니다.

이것은 모두 초고속으로 대용량의 데이터를 통신할 수 있고, 통신이 중단되지 않으며 시간 지연도 없는 6G 환경이 구축되기 때문에 가능해지는 것입니다.

안정된 대용량 초고속 통신은 회의의 방식도 바꿀 것입니다. 클라우드를 경유하여 실시간으로 통역하는 것이 가능해집니다. 외국어를 하지 못해도 실시간으로 세계인들과 대화를 할 수 있게 됩니다.

코로나로 당연해진 화상회의도 기술적으로 SF 영화에서나 볼 수 있었던, 3D 홀로그램으로 마치 눈앞에 사람이 있는 것처럼 대화가 가능해집니다. 상사가 3D가 되어서 기쁜 사람은 적겠지만요.

가상현실이
일상이
된다

2040년에는 스마트폰 대신에 빠뜨릴 수 없게 되는 아이템이 스마트 글라스가

될지도 모릅니다. 스마트 글라스 즉, 증강현실용 안경에 모든 정보가 비춰질

것입니다.

목적지까지 스마트폰의 지도를 보면서 우왕좌왕할 필요 없이, 이 안경만

착용하면 실제로 보여지는 길에 목적지까지의 경로가 표시됩니다. 이렇게

되면 아무리 길치라도 길을 잃지 않게 됩니다. 상점들은 간판을 설치할 필요가

없어지고, 가게에 들어가면 메뉴가 눈앞에 사진으로 나타납니다. 사람의

얼굴이나 이름을 기억하지 못해도 걱정 없습니다. 대화를 시작하자마자

안경에 상대방의 정보가 나타나기 때문입니다.

안경을 착용하기 싫다면 같은 기능이 내장된 스마트 콘텍트렌즈가 생길 수도

있습니다.

버스 정류장에 설치된 시간표도 사라지고 내가 타야 하는 버스의 도착

예정시간이 눈앞에 표시됩니다. 과거에는 버스 운전기사에게 내가 내려야

할 정류장의 위치를 물어보았지만, 묻고 싶어도 이제 버스에는 운전기사가

없습니다. 모든 버스가 자율주행 버스로 바뀌기 때문입니다.

하지만 이런 꿈같은 기술의 이면에는 불편한 진실이 있습니다.

24시간 인터넷에 상시 접속하는 세상에서는 지금 이상으로 일상적인

행동이력이 데이터로 축적됩니다. 스마트 글라스가 보급되기 시작하면,

당신의 머리 움직임 이상으로 당신이 보고 결정하는 행동들이 모두

데이터들로 수집될 것입니다.

거리에는 곳곳에 안면인식 카메라가 설치되어 당신이 어디에서 무엇을

하는지 늘 파악하고 있을 것입니다.

이 같은 미래 모습은 마치 SF 영화의 한 장면처럼 느껴질 수 있지만, 이들은

이미 실증실험이 진행되었거나 개발 중인 기술들의 사례이기 때문에

황당무계한 이야기로 들을 수는 없습니다.

2035년까지 5G 환경에 의해 파생되는 경제 규모가 약 12조 달러 이상이 될

것으로 추산하고 있습니다.[*]

거리의 모든 장소에 카메라와 센서가 놓이고, 모든 물건에는 칩(반도체)이

심어집니다. 그 칩으로 기업은 사람들의 서비스 이용 현황이나 행동이력 등의

데이터를 얻고 활용하게 됩니다. 그리고 이러한 빅데이터를 이용한 비즈니스

사이클은 빠르게 확산될 것입니다.

모든 사물에 반도체가 내장되고 항상 인터넷에 연결된 미래를 상상하기

힘들지 모르지만, 이미 관련 기술은 개발 중이고 우리 주변의 사물들에도

하나씩 칩(반도체)이 심어지고 있습니다.

칩이 모든 사물에 내장된다고 하면 상상하기 힘들지 모르지만, 이미 그 단서는

우리 주변에 있습니다.

[*]   미국 반도체 대기업 퀄컴 조사

스마트 더스트로
노동력 부족을
해결한다

사물에 칩(반도체)이 심어진 사례로 가장 쉽게 찾을 수 있는 것이

RFIDRadio Frequency IDentifier입니다.

RFID는 전파를 활용해 사물에 내장된 칩의 정보를 자동으로 인식하는

기술입니다. RFID 칩의 크기는 다양하지만 현재 가장 작은 것은 지문의 홈에

들어갈 정도로 거의 모든 제품에 붙일 수 있습니다.

RFID 칩에는 각종 제조 정보들이 기록되어 개별 인식이 가능하며 몇 미터

앞에서 여러 개의 칩을 동시에 읽어낼 수도 있습니다.

유니클로의 매장에서 자동 계산대를 이용해본 적이 있으신가요?

유니클로의 자동 계산대는 RFID의 구조를 활용하여 상품의 바코드를

하나하나 스캔할 필요 없이 구매할 상품을 계산대에 올려놓기만 하면

순식간에 합계 금액이 표기됩니다. 이 같은 편리함은 제품에 부착된 RFID 칩의

정보를 자동 계산대가 동시에 읽을 수 있기에 가능한 것입니다.

2019년 전 세계 RFID 사용량은 약 160억 매로 추산되지만, 유니클로에서

사용되는 것은 전 세계 사용량의 10퍼센트 미만으로 알려져 있습니다.

단, 유니클로의 사례는 예외적인 것으로 보통 RFID 칩은 부품이나 기계

등 기업용 제품에서 주로 사용되고 있습니다. 아직까진 일반 소비자용

상품에서의 이용은 적은 편입니다.

RFID 칩의 가장 큰 장점은 생산자와 판매자 모두 사용하기 쉽다는 점입니다.

일반 상품의 재고 조사는 단말기를 들고 매장이나 창고를 돌아다니는

것만으로 끝입니다. 박스를 개봉할 필요도 없고, 단말기를 들고 근처에 있는

것만으로 박스 안의 상품 정보까지 확인할 수 있습니다. 매장이나 창고에서

어느 곳에 해당 상품이 있는지도 금방 알 수 있습니다. 지금까지 사람의

힘으로 시간과 노력을 들여가며 했던 작업이 RFID 칩을 활용하면 터무니없을

정도로 쉽고 빠르게 끝낼 수 있습니다.

식품의 경우에는 유통기한이 임박한 상품을 자동으로 일괄 확인할 수 있습니다. **제품의 생산이력은 물론 유통이력까지 확인할 수 있기 때문에, 매장에서 고객의 손에 들렸다가 되돌아온 상품 등의 움직임까지 쫓을 수 있습니다.** 이처럼 여러 가지 데이터를 확인할 수 있기 때문에, 상품이 팔리지 않는 이유를 좀 더 면밀하게 분석하여 매장 및 제품의 개선이 쉬워집니다. 제조업체의 경우 재고 부족 및 판매 동향을 예측하여 증산 및 감산을 빠르게 결정할 수도 있습니다.

RFID 칩의 활용은 여기서 끝나지 않습니다. 만약 어느 식품에 이물질이 섞였다고 가정해봅시다. 지금까지는 해당 제품을 모두 회수해야 하기 때문에 시간과 비용이 모두 만만치 않게 들어갑니다. 해당 제품이 유통된 모든 판매점을 조사하여 그곳에 해당 제품이 몇 개나 남아있는지 얼마나 팔렸는지를 알아보고 그것들을 모두 회수해야 합니다. 그러나 RFID 칩이 내장되어 있다면, 이물질이 섞인 제품의 제조번호만 확인하면 됩니다. 그것만 안다면 해당 제품이 지금 어디에 얼마나 있는지를 실시간으로 파악할 수 있기 때문에 회수도 빠르게 가능합니다.

그렇다면 이 정도로 편리한 것이 왜 지금까지 많이 보급되지 않았는지 궁금증을 가지는 분도 계실 것 같습니다. 결국 문제는 비용입니다. 현재 RFID 칩은 보통 장당 100원 정도의 비용이 발생합니다. 그리 비싸지 않다고 생각하실 수도 있지만, 단가가 낮은 식품이나 일반 생필품에 사용하기에는 도저히 채산이 맞지 않습니다. 또한 금속이나 액체의 경우 전파를 차단하여 정보를 읽기 어렵게 하기 때문에, 통조림, 음료수, 세제 등에는 사용이 어렵다는 문제도 있습니다.

하지만 비용의 문제는 마치 닭과 달걀의 관계와 같습니다. RFID 칩을 대량으로 생산하면 비용은 낮춰질 것입니다. 결국 RFID 칩이 많이 보급되면 해결되는 문제라는 것입니다. 양산이 진행되면 RFID 칩의 장당 가격은 10원 수준까지 낮출 수 있다는 연구도 있습니다. 금속이나 액체의 문제도 약점을 보완하는 칩이 개발 중이기 때문이 시간이 지나면 이 또한 큰 문제가 되지 않을 것입니다.

오히려 2040년에 일본을 비롯한 선진국들이 절대로 해결할 수 없는 문제는 다음 장에서 자세히 다루겠지만 저출산 고령화 문제입니다. 저출산 고령화로 인한 노동력 부족은 피할 수 없는 미래입니다. 생산, 판매,

물류 등 사회를 유지하기 위해 없어서는 안 되는 핵심 업종의 노동력 부족을 해결하기 위해서는, 이제 기술에 의존하는 방법밖에 없습니다. 지금까지 사람의 노동력으로 해결했던 많은 일들이 노동력 부족으로 점점 해결할 수 없어집니다. RFID 칩과 같은 기술을 활용하여 업무의 효율을 높이는 방법이 유일한 해결책이 될 것입니다.

앞서 RFID 칩의 최소 크기가 지문의 홈에 들어갈 정도의 크기라고 했지만, 크기는 점점 작아져서 이미 미국의 연구자들 사이에서는 '스마트 더스트'로 불리기 시작했습니다. 먼지처럼 작아 어디에나 존재할 수 있는 칩이라는 의미입니다.

데이터를 어떻게 사용할 것인지, 어떤 정보를 입력할 것인지에 대한 과제는 남아 있습니다. 하지만 미래를 바라보고 기회를 찾는 독자라면 칩이 내장된 사물에서 어떤 정보를 어떻게 수집하여 사용할 것인지, 그 구조를 짜는 것에 미래의 성패가 달려 있다는 점을 눈치채셨을 것입니다.

집안이
스마트 가전으로
가득 찬다

"이 밤에 초콜릿을 먹으려고요?"

만약 당신이 다이어트 중이라면, 냉장고에게 이런 경고를 받을 날이 멀지

않았습니다.

2040년 냉장고는 단지 음식물을 차갑게 보관하기 위한 가전제품이 아닙니다.

냉장고에 보관 중인 식재료를 바탕으로 식사 메뉴를 제안하거나, 당신의

건강을 챙기고 있을지도 모릅니다.

식재료의 재고 상태를 파악하고 당신의 라이프사이클에 맞춰 자동 발주하는

것과 같이 냉장고 본래의 기능을 보강하는 편리한 기능이 가장 크겠지만요.

이렇듯 2040년에는 집안에 있는 모든 것들이 지금 이상으로 인터넷에 '연결'됩니다.

스마트 스피커의 보급으로 가전제품이 인터넷에 연결된다는 것을 상상하기 쉬워졌습니다. 아마존의 스마트 스피커에 탑재된 인공지능 플랫폼 '알렉사'는 전등부터 시작하여 조리가전, 자동차, 보안시스템까지 다양한 기기를 조작할 수 있으며, 10만 가지가 넘는 기능을 사용할 수 있다고 합니다.

2010년을 기준으로 인터넷에 연결된 기기는 전 세계적으로 약 125억 대로 알려져 있습니다. 인터넷에 연결된 기기는 2020년에 약 500억 대 규모로 증가하고, 2040년에는 약 10조 대 규모로 증가한다는 예측이 있습니다.
말 그대로 기하급수적인 증가세인 것입니다.

너무 큰 숫자라 체감이 안될 수도 있습니다. 이해하기 쉽도록 이것을 1인당 기기 수로 생각해보겠습니다.

2010년에는 인터넷에 연결된 기기가 1인당 2대 정도였습니다. 아마 컴퓨터와 휴대전화가 되겠지요. 그러던 것이 2040년이 되면 인터넷에 연결된 기기가 1인당 약 1,000대로 늘어나게 됩니다. 이 정도의 숫자라면 집안에 있는

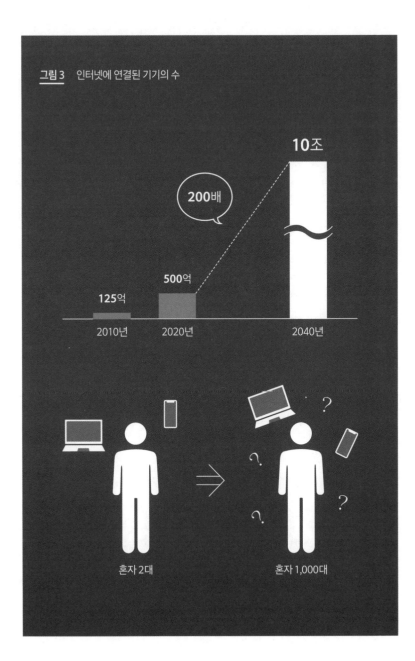

그림 3 인터넷에 연결된 기기의 수

가전제품과 자동차 등 우리가 사용하고 만지는 물건들 거의 모두가 인터넷에 연결되어 있다고 해도 과언이 아닙니다.

그 시점에 인터넷에 연결된 가전제품이 어떤 기능을 가지게 될지는 확실하게 말할 수 없습니다. 2000년대 당시 전문가들조차 2010년대 아이폰의 폭발적인 인기를 예측하지 못했으니까요. 그만큼 20년 뒤의 미래를 상상하는 것은 어려운 일입니다.

분명한 것은 고객 한 사람 한 사람에게 제공되는 서비스가 지금보다 훨씬 개인에게 맞춰질 것입니다. 한 개인이 일상생활에서 사용하는 기기들이 모두 인터넷에 연결되어 그만큼 개인정보를 보다 세세하게 읽어낼 수 있는 환경이 구축되기 때문입니다.

모든 물건들이 인터넷에 연결되면 기기 간의 정보 교환도 가능할 것입니다. 참고로 2010년 기준으로 인터넷에 연결된 125억 대 중 기기 간의 정보를 활용한 것은 불과 0.5퍼센트였습니다. 물론 당시에는 그 방대한 정보를 처리하고 해석할 수단이 없었기 때문이지만, 데이터 속의 보물들은 그대로 잠들어 있었습니다.

그러나 2040년이 되면 초고속 대용량 통신이 가능해짐으로써 데이터의

수집·분석·활용이 용이해집니다. 인터넷에 연결된 기기의 수도 천문학적으로

늘어나고 그 데이터를 활용할 수단도 마련되기 때문에 진정한 의미의

빅데이터 활용 및 개인화가 가능해질 것입니다.

인터넷에 연결된 기기 간의 데이터 교환이 가능해지면 어떤 일이 벌어질까요?

가장 이해하기 쉬운 사례로 '스마트 홈'의 일상을 엿보겠습니다.

스마트 홈이란 집안의 다양한 가전제품 및 설비들이 모두 인터넷에

연결되어 IoT(사물인터넷)으로 가득찬 집을 말합니다.

지금도 아마존의 스마트 스피커인 알렉사에게 부탁하는 것만으로 세제나

화장지 같은 일용품을 쉽게 주문할 수 있습니다. 하지만 미래에는 기기 간의

데이터 교환으로 지금보다 다양한 것을 놀라운 방식으로 주문할 수 있을

것입니다.

예를 들어, 드라마를 시청하면서 주인공이 입었던 니트가 갖고 싶었다면

"어제 드라마에서 ○○○이 입었던 니트를 사고 싶어"라고 말하는 것만으로

그 제품을 바로 찾아줄 것입니다. 게다가 당신의 SNS 이미지를 분석하여

"이 니트는 당신에게 어울리지 않을 것 같네요. 사지 않은 것이 좋겠어요"라며

조언을 해줄 수도 있습니다.

모든 것이 인터넷에 연결된 스마트 홈은 당신의 생활 패턴을 분석하여
당신에게 최적의 생활 환경을 제공해줄 것입니다. 당신이 매일 아침 일어나
조명을 켜고 커튼을 연 다음 소파에 앉아 뉴스를 봤다면, 스마트 홈에서
당신이 아침에 일어나기만 해도 자동으로 조명이 켜지고 커튼이 열리며
소파에 앉기 전에 당신이 즐겨보는 뉴스 채널로 TV가 켜질 것입니다.
만약 TV 앞에 당신이 아닌 다른 사람이 앉는다면 뉴스 채널이 켜지지 않을
것입니다.
이것은 거주자의 행동을 인공지능이 학습하기 때문에 당신의 행동을
예측하여 실행하는 것입니다. 이 모든 것이 먼 미래의 이야기처럼 느껴질
수 있지만, 이 같은 기능을 갖춘 '인공지능 아파트'는 이미 미국에서
상용화되었습니다.

일단 시작되면 이러한 기능은 점점 확충되어 나갑니다. 퇴근하고 목욕하는
습관이 있으면 자동으로 목욕물을 데워주고, 수온을 지정하지 않아도 당신의
취향에 맞춰 설정됩니다. 머지않은 미래에는 식탁에 사람이 앉는 것을 감지해
타이머를 설정하지 않아도 커피를 내릴 수 있을 것입니다.

이미 인터넷에 연결되는 커피메이커가 등장하고 있습니다. 원두의 잔량을 측정하여 자동으로 주문하는 구조가 실용화되고 있는 것입니다. 사람이 조작하지 않아도 사람의 행동을 예측하는 가전제품이 일상이 되는 것은 먼 미래가 절대 아닙니다.

요리도 자동화가 진행될 것입니다. 스마트폰의 레시피를 선택하면 요리의 일부를 자동으로 해주는 기술이 이미 실용화 단계에 들어섰음을 알고 계시나요? '재료를 손질한다', '음식을 양념한다' 등 요리의 공정마다 자동화가 가능해지면, 최종적으로 사람이 없어도 요리는 완성될 것입니다.

이미지 센서 및 통신 기술을 활용하면 세면대 거울 앞에 있는 것만으로 표정, 안색, 심장박동수 등을 확인해 건강 상태를 진단할 수 있습니다. 또한 어디를 어떻게 칫솔질해야 하는지 알려주는 칫솔이 개발 중임을 고려하면 칫솔로 충치의 유무도 진단할 수 있게 될 것입니다.

현재는
자율주행의
과도기이다

누구나 이런 미래를 상상한 적이 있을 것입니다. 당신이 원하는 시간에

무인자동차가 당신 앞으로 도착하고 당신은 좌석에 한가롭게 앉아 목적지로

향하는 미래 말입니다.

'자율주행 기술'은 산업계뿐만 아니라 이미 많은 사람들이 관심을 가지고

있습니다. 기존의 자동차 회사뿐만 아니라 구글 등 IT 기업도 공공도로에서

자율주행 테스트를 한다는 뉴스를 접한 사람도 많을 것입니다.

자율주행 역시 저지연 통신 기술로 인해 실현이 가능해집니다.

자율주행은 레벨0에서 레벨5까지 6단계로 나뉩니다. 레벨0이란 운전자가 모든 운전 조작을 통제하고 책임지는 단계입니다. 차량의 시스템은 긴급상황 알림 등 보조기능만을 수행합니다. 반면 최고 수준인 레벨5는 완전 자율주행 단계로 조건과 장소를 불문하고 모든 운전 조작을 시스템이 담당하는 단계입니다. 당연히 운전자도 필요 없습니다.

현재 많은 자동차 회사들이 실용화하고 있는 단계는 레벨2와 레벨3 사이에 있습니다. 레벨2는 운전 조작의 일부를 시스템이 하는 단계입니다. 이미 많은 이들이 편리함을 경험하고 있는 단계로 자동 브레이크 및 차량 속도에 맞춰 앞차와의 거리를 유지하는 어댑티드 크루즈 컨트롤ACC, 차선의 중앙으로 달리게 해주는 차선 유지 지원 시스템 등이 포함됩니다.

여기서 레벨3가 되면 긴급 시에 운전 조작을 할 필요는 있지만, 고속도로 등 특정 장소에서는 시스템이 모든 운전 조작을 합니다. 반대로 말하면, 예측할 수 없는 사태가 일어나지 않는다면 운전자는 아무것도 하지 않아도 된다는 것입니다.

법령 및 규제 등의 문제가 있지만, 이미 기술적으로는 운전을 자동차에 맡기고 모니터로 영화를 보는 것도 가능하고, 업무 메일을 보내면서도 자동차를 주행할 수 있습니다. 레벨2와 레벨3은 운전을 하는 것이 인간인지 시스템인지를 나누는 경계선이 됩니다. 따라서 현재는 자율주행의 과도기에 있다고 할 수 있습니다.

참고로 레벨4는 긴급상황을 포함하여 대부분의 도로에서 시스템이 문제없이 운전하는 단계로 자동차 회사들이 말하는 자율주행은 이 단계를 말합니다. 악천후와 같은 특정 조건에서 운전자의 개입을 요청할 수 있기 때문에 인간을 위한 주행 제어장치가 필요합니다. 반면, 레벨5는 말 그대로 무인자동차의 단계입니다. 모든 운전 조작을 시스템이 담당하기 때문에 인간을 위한 제어장치가 따로 필요 없습니다.

2040년에는 출시되는 자동차 중 레벨3 이상의 자율주행차가 전체의 29.4퍼센트를 차지할 것으로 예상됩니다.[*] 2030년 이후에는 레벨4가 보급되고, 2040년에는 레벨5도 실용화를 앞두고 있을 것입니다.

[*] 후지카메라 종합연구소 조사

이미 미래를
바꾸는 기술은
실용화되고 있다

자율주행에서 가장 중요한 것은 주위를 달리는 차량이나 보행자 등을

정확하게 인식하는 것입니다. 이를 위해 자동차에는 카메라, 레이더 등을

포함한 방대한 센서들이 탑재되어 주행 중에 충돌 가능성이 있는 보행자나

차량의 움직임을 상시 파악하여 실시간으로 대응하게 됩니다.

따라서 자율주행의 실현을 위해서 가장 필수적인 것이 센서류입니다.

이러한 센서 중 하나가 밀리미터파 레이더입니다. 이것은 마이크로파 전파가

주위의 사물에 반사되어 돌아올 때까지의 시간을 측정함으로써 대상물과의

거리를 측정하는 기술입니다. 정확하게 물체를 파악하는 기능은 떨어지지만 비와 눈 등의 악천후에도 영향을 잘 받지 않는다는 특징이 있습니다.

밀리미터파 레이더는 지금도 자동차에 탑재되고 있습니다.

보통 승용차에는 한 대당 3개, 고급차에는 한 대당 6개의 밀리미터파 레이더가 탑재되는 것이 자율주행차에는 15개 정도 탑재됩니다.

이밖에도 센서에는 다양한 종류가 있으며 각각의 센서는 일장일단이 있어 이러한 센서를 몇 개씩 조합하여 안전한 자율주행을 실현합니다. 이러한 사실만 봐도 자율주행차는 센서의 덩어리라는 사실을 알 수 있습니다.

센서류의 핵심이 되는 것이 레이저를 이용하여 거리를 측정하는 '라이다LiDAR, Light Detection and Ranging'입니다.

라이다의 구조는 밀리미터파 레이더와 비슷합니다. 레이저 광선을 센서에서 방출하고 대상에 반사되어 돌아올 때까지의 거리를 측정합니다. 밀리미터파 레이더와의 가장 큰 차이는 파장이 짧은 적외선 레이저를 사용한다는 점입니다. 따라서 밀리미터파 레이더에 비해 작은 물체까지 감지할 수 있는 것이 특징으로 알려져 있습니다.

이 라이다의 문제는 비용입니다. 구조가 복잡한 라이다의 경우에는 수천만 원까지 한다고 합니다.

다만, 최근 들어 해당 산업에 참여기업이 늘어나 라이다 전문 스타트업만

전 세계에 100개에 이를 정도라고 합니다. 그만큼 유망한 기술이라는

것으로 향후에는 라이다의 소형화와 함께 양산으로 가격이 낮아질 것으로

예상됩니다.

별로 실감이 나지 않을지도 모르지만, 이미 라이다는 당신에게도 친숙한

존재입니다. 2020년에 발매된 아이폰12 Pro 시리즈에 라이다가 탑재되어

있기 때문입니다. 당시 아이폰12 Pro의 카메라 성능에 놀란 사람이

많았겠지만, 그 원인이 라이다 센서라는 사실은 많이 알려지지 않았습니다.

아이폰12 Pro 카메라의 특징은 인물과 경계의 선명함입니다. 이는 공간의 3D

객체(입체물)를 개별적으로 식별할 수 있기 때문입니다. 라이다 센서로 바닥,

벽, 천장, 창문, 문, 의자, 책상 등을 각각의 객체로 인식할 수 있게 된 것입니다.

사람과 물체의 위치를 정확하게 판단할 수 있는 라이다 기술만 있으면 앞으로

사진이나 CG의 합성도 위화감이 없어지고, 증강현실도 더 친숙해질 것입니다.

스마트폰에 탑재된 라이다와 자동차용 라이다의 구조는 일부 다르지만, 기본

성능은 동일합니다.

"새로운 기술은 갑자기 나타나지 않는다"라고 말했지만, 이미 자율주행차를 위한 기술은 우리 주변까지 접근했습니다.

그리고 이러한 센서를 탑재한 자율주행차가 달리는 것은 지구에 국한되지 않을 것입니다. 이미 도요타자동차는 JAXA(일본우주항공연구개발기구), NASA(미국항공우주국), CNSA(중국국가항천국), ESA(유럽우주기구) 등과 함께 2040년을 목표로 검토하는 달 표면 기지 건설 프로젝트에 참가하고 있습니다. 자율주행 기술을 사용해 달 표면 이동 수단을 제공할 방침입니다.

2040년에는
하늘을 나는 자동차도
가능하다

자율주행차는 기존 자동차의 연장입니다. 하지만 2040년에는 인류가

오랫동안 꿈꾸었던 차량이 드디어 우리 앞에 선보일 것입니다. 수많은 영화와

애니메이션에서 등장했던 '하늘을 나는 자동차'입니다.

하늘을 나는 자동차는 전기 엔진으로 부력을 얻어 수직 이착륙을 합니다.

따라서 활주로도 필요 없고 전동으로 자동운전을 하기 때문에 소음도 적을

것입니다.

꿈과 같은 이야기로 들릴지 모르지만, 이미 우버테크놀로지스, 보잉,

에어버스 등 글로벌 기업들이 하늘을 나는 자동차 개발에 뛰어들고 있습니다. 모건스탠리는 2040년까지 하늘을 나는 자동차의 시장 규모가 1조 5,000억 달러로 성장해, 세계 국내총생산GDP의 1.2퍼센트를 차지할 것이라고 예측하고 있습니다.

단, 기술적으로 가능해진다 하더라도 단번에 그러한 세계가 찾아오지는 않을 것입니다. 규제와 비용 문제가 있기 때문입니다.

현재, 드론도 항공법의 규제 때문에 널리 보급되었다고 말하기 어렵습니다. 하물며 사람이 타고 하늘을 나는 자동차가 보급된다면, 예기치 않은 충돌은 어떻게 방지할 것인지 등 교통 법규 및 안전 대책이 드론 이상으로 신중하게 마련되어야 합니다.

그럼에도 인구감소로 인한 선진국들의 노동력 부족과 지방 소멸 문제를 해결하기 위해서는 하늘을 나는 자동차가 필수적입니다.

2040년이 되면 지방 의사의 부족 현상은 더욱 심각해질 것입니다. 지방에는 고령자가 많아 의료 수요는 늘어나지만, 인구 자체는 점차 감소하기 때문에 병원 운영이 어려워 지방 병원의 폐쇄와 철수는 어쩔 수 없습니다. 온라인 진료가 보급되겠지만, 모든 의료 수요를 담당할 수 있는 것은 아닙니다.

이러한 상황에서 의사가 하늘을 나는 자동차를 타고 고령자가 가득한 마을을

순회 진료할 수 있다면, 저출산 고령화라는 문제를 해결하는 확실한 수단이 될

것입니다.

편의점이나 마르는
무인 매장이
된다

일본의 총인구는 2019년 1억 2,616만 명으로 9년 연속 감소했습니다.

2040년에는 1억 1,000만 명까지 줄어들어 20년 만에 인구가 1,500만 명

정도 줄어들 것으로 예상됩니다. 하지만 그 자세한 내용을 보면 깜짝 놀랄

수밖에 없습니다.

일할 수 있는 사람(생산연령인구)의 감소도 가속되어 2040년에는 약 6,000만

명으로 감소합니다. 반면 65세 이상 고령자는 3,900만 명으로 늘어나 3명 중

1명 이상이 노인이 됩니다.

만성적인 노동력 부족으로 도시의 모습은 변할 수밖에 없습니다. 그 상징이

소매점입니다. 지금도 하나둘씩 무인 매장이 생겨나고 있지만, 2040년이

되면 편의점이나 슈퍼마켓은 무인 매장이 표준이 될 수밖에 없습니다.

이미 소매점의 무인화는 시작되었습니다. 미국에서는 아마존닷컴이

2018년 초 시애틀 본사에 처음으로 계산대가 없는 편의점 '아마존고'를

개설하였습니다.

아마존고의 구조는 다음과 같습니다. 매장 입구에 개찰구와 같은 게이트가

있어, 사전에 다운로드한 앱 코드를 스캔하고 매장에 들어섭니다.

이 단계부터 시스템은 고객의 매장 내 행동을 추적합니다. 선반에 설치된

무게 센서와 감시카메라를 사용해 고객이 어느 상품을 가져갔는지를

특정하기 때문에 고객은 자신의 가방에 구매할 상품을 넣기만 하면 됩니다.

쇼핑이 끝나고 게이트를 통과하면 시스템은 고객이 구매한 상품을 자동으로

계산하여 앱으로 통지합니다.

아마존은 자체 매장뿐만 아니라 아마존고의 시스템을 다른 소매점에

판매하려고 노력하고 있습니다. 아마존에 적대적인 소매점들은 이 제안에

물론 소극적이지만 점포의 무인화라는 흐름을 거스를 수는 없기 때문에

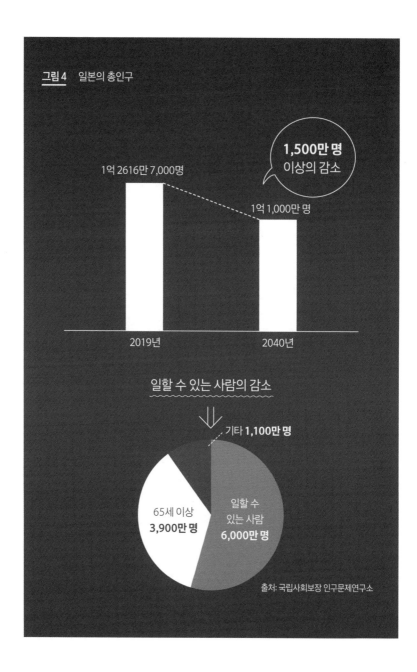

그림 4 일본의 총인구

1,500만 명
이상의 감소

1억 2616만 7,000명

1억 1,000만 명

2019년   2040년

일할 수 있는 사람의 감소

기타 **1,100만 명**

65세 이상
3,900만 명

일할 수
있는 사람
6,000만 명

출처: 국립사회보장 인구문제연구소

아마존의 움직임에 자극을 받아 매장에서 상품을 쇼핑하고 계산대를 통과하지 않고 퇴장하는 새로운 방법을 고민하고 있습니다.

무인 매장은 모두 아마존고의 구조를 따라 합니다. 고객에게 스마트폰으로 회원등록이나 결제방식을 등록하게 하고, 매장의 카메라와 센서로 '고객은 누구인가', '고객은 어떤 상품을 선택 했는가' 등을 자동 인식하여 정산하는 구조입니다.

일본에서도 고객이 편의점에서 상품을 가져가는 것만으로 자동 결제가 가능한 시험매장을 2020년부터 로손이 운영하기 시작했습니다. 문제는 비용입니다.

미국의 경우 몇 년 전만 하더라도 편의점 크기의 매장에 카메라와 센서, 고성능 컴퓨터를 설치하는데 몇백만 달러가 들었다고 합니다. 하지만 지금은 카메라 개수와 컴퓨팅 능력 등 사용되는 설비의 종류의 따라 다르겠지만, 동일한 크기의 매장에 10~30만 달러로 설비 설치가 가능해졌습니다.

몇 년 만에 이 정도로 비용이 낮춰진 것을 감안한다면, 무인 매장의 수요가 늘어날수록 한층 설비 설치 비용이 낮아질 것입니다.

키오스크는
무인 매장의
힌트가 된다

어느 시대나 미래를 예측하기 위한 단서는 발밑에서 찾을 수 있습니다.

사실 무인 매장은 비용을 크게 들이지 않고도 만들 수 있다는 것을 많은

기업들이 간과하고 있습니다. 왜냐하면 이미 우리 주변에는 무인 매장이 벌써

몇 년 전부터 운영되고 있기 때문입니다. 아마존고에 필적하는 무인 판매

시스템은 바로 키오스크 매장입니다.

키오스크 매장에서의 행동을 떠올려봅시다. 매장에 들어가 원하는 상품을

선택하여 키오스크 앞으로 가져갑니다. 그리고 구매할 상품의 바코드를

키오스크로 확인하고 신용카드와 같은 결제수단으로 결제를 하면 끝입니다.

구매의 흐름에서 점원은 아무 역할도 하지 않습니다. 직원은 존재하지만 상품

진열을 위한 역할 뿐입니다.

아마존고 역시 무인 매장이라고 하지만 상품을 진열하기 위한 직원은

필요합니다. 단지, 상품 선택에서 결제까지의 단계가 무인으로 진행될

뿐입니다. 아마존고에는 매장에서 고객의 곤란에 대응하는 직원도 있고,

간단한 음식을 만드는 직원도 있습니다. 단순하게 인원을 비교하면 키오스크

매장에 더 적은 인원이 필요합니다.

키오스크 매장에서 취급하는 상품은 편의점과 상당히 중첩됩니다. 키오스크

매장은 '미니 편의점'과 콘셉트가 크게 다르지 않습니다. 따라서 아마존고

형태의 무인 편의점을 고려한다면, 키오스크 매장의 연장선에 단서가

있을지도 모릅니다.

미국의 아마존고 개발자들이 키오스크 매장을 사용해 본 적이 있는지는

모르겠지만, 일본의 편의점 운영사들은 아마존고만 바라보고 있는 것

같습니다. 우리 주변에 이미 미래 비즈니스의 단서가 있는데도 멀리 미국의

비즈니스를 흉내 내는 것은 어제오늘의 일이 아닙니다.

무인 매장의 장점은
도난 방지에
있다

키오스크 시스템으로 노동력 부족의 문제를 해소할 수 있을지도 모르지만, 새로운 기술을 도입한 무인 매장은 노동력 부족 문제 이상으로 경영상의 이익이 클 수 있습니다. 바로 도난 방지를 할 수 있기 때문입니다. 이것은 만만한 문제가 아닙니다.

일본에서 서점이나 문구를 취급하는 기업의 도난 피해액은 NPO 법인인 '전국도난범죄방지기구'에 의하면 매출의 약 0.5퍼센트 정도로 추산되고 있습니다.

"작은 서점은 좀도둑으로 쉽게 망한다"라는 말을 들어보신 적이 있으신가요?

서점의 이익을 나타내는 영업이익률은 출판유통 전문기업 토한이 펴낸

《서점 경영의 실태》에 의하면 0.02퍼센트에 불과하다고 합니다.

연 매출이 10억 원의 서점이라면 도난 피해액은 연 500만 원인 반면

영업이익은 20만 원에 불과합니다. 이익률이 너무 낮다고 생각하실지

모르겠지만, 아마 전국 서점 전체의 평균이기 때문일 것입니다. 하지만 도난

피해액이 매출 이익을 얼마나 저해하고 있는지는 알 수 있습니다.

이러한 상황에서 새로운 보안 시스템이 적용된 무인 매장이 도입된다면,

도난 피해액이 크게 줄어 이익률 개선에 큰 도움이 될 것입니다.

물론 영세사업자라면 설비 투자가 어렵겠지만 자본력을 갖춘 기업이라면

도난 피해액도 큰 추세이기 때문에 효과도 크지 않을까요.

2040년에는 유인 매장의 형태도 크게 바뀔 것입니다. 이 또한 아마존의 기술로

크게 바뀔 가능성이 높습니다.

지금 아마존은 신용카드 대신에 사람의 손바닥을 사용하려고 테스트를

하고 있습니다. 지문 인증과 마찬가지로 고객의 손바닥 정보를 신용카드와

연계해 신용카드나 스마트폰을 꺼내지 않더라도 결제할 수 있도록 하겠다는

것입니다.

구체적으로 살펴보면 지문이나 정맥 등을 이용하는 것이 아닌 손바닥의

폭이나 손가락의 길이 등으로 고객을 식별하여 인증하는 것 같습니다.

먼저 고객의 손바닥 정보를 결제용 신용카드와 연결하면 이후 손바닥을

스캐너에 갖다 대는 것만으로 결제가 된다고 합니다. 소요 시간도 불과

0.3초라고 하니, 결제를 위해 지갑에서 카드를 꺼내는 등의 수고를 생각하면

엄청나게 편리성이 높아진다고 할 수 있습니다.

현재는 여러 신용카드사와 논의를 진행하고 있으며, 아직 사내 실험 단계지만

손바닥 정보로 자판기 구매가 가능하다는 보도가 있었습니다.

아마존은 2017년 인수한 유기농 슈퍼마켓 체인인 홀푸드마켓Whole Foods

Market의 매장에 이 시스템을 도입하기 시작하여 패스트푸드 체인과 같이

결제 작업이 많은 기업에 이 시스템을 판매할 계획입니다. 2018년 미국

특허상표청에 특허 신청 자료를 제출한 점을 보면 아마존의 진정성을 엿볼 수

있습니다.

어떻게 되든 2040년 우리는 빈손으로 매장에 물건을 사러 가는 것이 주류를

이루고 있을 것입니다. 미래에는 지금보다 더 현금을 손에 쥐는 일이 없게 될

것입니다.

감시카메라는
나쁘기만
할까?

감시카메라를 떠올리면 경계부터 하는 사람들이 많습니다.

정말 감시카메라는 나쁘기만 할까요?

대부분의 민주주의 국가에서는 과도한 감시카메라 설치가 인권침해라며

감시카메라 설치에 미온적입니다. 하지만 2040년에는 치안 유지는 물론

우리의 생활을 좀 더 편리하게 하기 위해서라도 감시카메라는 필수적인

인프라가 될 것입니다.

중국이 감시카메라의 선진국이라는 사실은 많은 사람이 알고 있습니다.

중국 일부 도시에 설치된 신호위반 방지 시스템이 그 상징입니다.

이 시스템은 횡단보도의 신호등이 빨간색일 때 움직이는 물체를 감지하여

사진과 동영상을 촬영합니다. 그리고 촬영 데이터와 공안이 보유한 얼굴 사진

데이터를 대조하여 신호를 위반한 보행자의 이름, 주소, 직장을 특정합니다.

이후 공안이 전화 등으로 보행자에게 신호위반 사실을 알리고 범칙금을

부과합니다. 그러나 이것으로 끝나는 것이 아닙니다. 신호위반 사실은

보행자의 직장에도 통지되며, 교차로 인근에 설치된 대형 모니터에 신호를

위반한 사람의 얼굴 사진이 크게 게시됩니다.

단지 횡단보도의 신호를 위반했을 뿐인데 처분이 과도하다고 생각할

수 있습니다. 하지만 신호위반 사실이 직장에 통보되고 거리에 얼굴이

노출된다면 교통사고 및 범죄 예방에 강력한 억지력이 생겨납니다.

감시카메라는 도피 중인 범죄자 검거에도 큰 도움이 되고 있습니다. 장쑤성

우시에서는 폭력 사건의 수배자가 시내에 설치된 감시카메라에 촬영되어

30분 만에 체포된 적이 있다고 합니다. 촘촘하게 설치된 감시카메라와

안면인식 기술 그리고 빅데이터를 분석하는 인공지능 기술은 치안 향상에

도움이 될 수밖에 없습니다.

여기서 더 나아가 중국 정부는 개인의 신용평가에 감시카메라 등으로 평가한

사회신용 점수를 적용하려고 하고 있습니다. 이것이 중국이 추진하고 있는

'사회신용 시스템'입니다.

중국은 세계에서 모바일 결제를 가장 많이 사용하는 나라입니다.

아이러니하게도 위조지폐가 너무 많이 퍼져있었기 때문에 대부분

알리페이(알리바바)나 위챗페이(텐센트)를 통해 결제를 하며, 모바일 결제

비율이 전체의 90퍼센트가 넘는다고 합니다.

알리바바와 텐센트는 이 방대한 거래 이력을 활용하여 개인의 신용등급을

평가하는 서비스를 제공하고 있습니다. 이를 바탕으로 각 기업은 고객에게

맞춤 서비스를 제공할 수 있습니다. 신용등급이 높으면 보증금 없이 렌탈이나

쉐어링 서비스를 이용할 수 있고, 상품 구매 및 서비스 이용 시에 후불 결제와

같은 혜택을 받을 수 있습니다.

알리바바가 제공하는 '지마신용芝麻信用'은 대출 상환과 같은 금융 이력부터

인터넷 쇼핑몰의 구매 이력, 소셜미디어의 친구 관계와 같은 디지털 정보까지

각종 데이터를 종합하여 개인의 신용을 350~950점으로 점수화하고

있습니다.

이미 중국에서는 '지마신용'의 점수가 낮거나 해당 서비스를 이용하지 않는

사람은 취직이나 결혼에서 불리할 정도로 개인의 신용을 점수화하는 것이

상식이 되고 있습니다.

우리가 주목할 것은 이러한 IT 기업의 서비스가 정부의 행정과 강하게

결합하기 시작했다는 점입니다. 민주주의 국가에서는 상상하기 힘들겠지만,

공산주의 국가이기 때문에 개인정보 데이터를 정부에서 활용할 수 있는

것입니다.

이미 상하이 등 20개 이상의 지방정부에서 개인 사회신용 시스템을 활용하기

시작했습니다. **IT 기업이 구축한 신용평가 시스템에 지방정부가 보유한**

개인정보를 더해 사회신용을 판단하는 것입니다.

장쑤성 쑤저우에서는 표창, 헌혈, 자원봉사 경력을 평가 가점 대상으로 삼아

고득점자에게는 공유 자전거 이용 시간의 연장이나 공공 도서관에서 대여

가능한 서적의 수를 늘려주는 등 여러 혜택을 제공합니다. 반면 수도요금,

전기요금 등을 체납하면 감점의 대상이 됩니다. 또한 예약한 음식점이나

호텔에서 노쇼를 할 경우에도 감점의 대상이 되기 때문에, 이 책을 읽는

요식업 종사자들은 부럽다고 생각할지 모르겠습니다.

중국 정부는 이러한 "사회신용 시스템으로 국민을 평가하겠다"라고

공공연하게 밝히고 있습니다. 대기업으로부터 입수한 고객 데이터와 시내

곳곳에 설치된 안면인식 카메라를 통해 인터넷과 현실 세계에서의 행동을

평가하는 '사회신용 시스템'의 구축을 서두르고 있는 것입니다. 그리고 점차

사회신용의 가점이나 감점의 대상이나 범위를 확대할 예정이라고 합니다.

이러한 내용이 우리로서는 위험하거나 기분 나쁘게 보일지도 모릅니다. 반면

"치안이 좋아지거나 공공질서가 확립되지 않을까"하는 소박한 기대를 하는

사람도 있을 것입니다.

실제로 중국에서는 신용점수가 일상에 영향을 미치므로 나쁜 일을 하면

손해라는 생각이 확산되어, 신용점수가 살기 좋은 사회 구현을 돕는다고

생각하는 사람이 늘고 있다고 합니다.

'신용점수가 높으면 우대받을 수 있으니까, 교통신호를 잘 지키자',

'신용점수가 낮아지면 안 되니까, 레스토랑 노쇼를 하지 말자.' 처음에는

시스템에 의해 강제되고 있어도, 점차 익숙해지면 당연한 것이 됩니다.

2040년에는 감시카메라뿐만 아니라, 앞서 이야기했던 가전제품과 같이

거리와 집안의 모든 물건에 센서가 내장될 것입니다. 중국은 이러한

기기로부터 개인의 행동 이력과 관련된 더 많은 데이터를 수집하여 관리하게

될 것입니다. 결과적으로 중국인들의 공공의식은 우리보다 더 높아질지도

모릅니다.

아마 2040년에는 우리 사회도 감시카메라의 설치나 데이터의 활용이

지금보다 확대되겠지만, 인권과 개인정보의 보호가 큰 벽이 될 것입니다.

중국처럼 정부 주도로 일시에 진행되기 어렵기 때문에 감시카메라가

정비되는 지역과 그렇지 않은 지역으로 양극화될 가능성이 큽니다.

첨단기기로부터 수집한 데이터 또한 한정적으로 활용될 것입니다.

결과적으로 치안이 좋고 공공의식이 높은 지역과 그렇지 않은 지역이

선명하게 나뉠 것입니다. 감시카메라가 기분 나쁘다고 생각할 때,

감시카메라로 인해 양극화가 진행되는 미래가 올 수도 있다는 점을 인식해야

합니다.

5G 진료는
저출산 고령화의
해결책이 된다

몸 상태가 안 좋은 것 같아 병원을 방문하면 접수대에는 늘 로봇이 있다.

"어디가 안 좋으신가요?"라고 물으며 대화를 나눈다. 오늘은 기다리지

않고 검사실로 안내되었다. 검사실까지 유도하는 것도 로봇이다. 로봇이

치료 순서와 치료 방법 등을 설명하고 우선순위를 의사가 판단할 것이라고

말해주었다. '어디가 많이 안 좋은 것일까?'

간단한 검사를 하고 진찰실에 들어서면, 의사 앞의 모니터에는 검사의

결과뿐만 아니라 과거의 진찰 및 처방 이력이 표시된다. 그것을 보면서 의사가

문진을 시작하고 얻은 정보를 입력하면 해당 질환의 리스트가 떠오른다.

하나의 질환을 클릭하면 최신 진단에 따른 소견 및 확인할 사항들이 표시된다.
그 정보에 따라 처방전 후보도 제시된다.

2040년에는 이러한 병원의 모습이 일상이 되어 있을 것입니다. 어쩌면

2040년에는 굳이 병원을 방문하지 않아도 될지 모릅니다.

의료 분야는 미래에 가장 많이 변할 것으로 예상되는 분야입니다. 정보통신

기술이 고도화되고, 초고속 저지연의 5G가 보급되면 본격적인 온라인 진료를

위한 환경이 조성되기 때문입니다.

지금의 온라인 진료는 대면 진료를 보조하는 기능밖에 수행하지 못하며,

온라인 진료가 가능한 병도 고혈압, 당뇨와 같은 생활습관병 등 만성질환에

한정되어 있습니다. 그러나 지방의 인구절벽이 멈추지 않는다면 지방의

의사 부족은 불가피합니다. 저출산 고령화로 인한 지방 인구감소가 온라인

진료를 뒷받침할 것이 틀림없습니다. 이 흐름은 이전부터 계속되어왔지만,

코로나 바이러스의 상흔으로 '직접 대면하지 않고 진단한다'라는 진료 방식은

세계적으로 빠르게 보급되었습니다.

앞에서도 설명했지만 거리와 집안이 모두 네트워크로 연결된 상태가

되면, 개인의 건강 상태와 관련된 정보를 24시간 쉬지 않고 수집하는 것이 가능해집니다. 의사가 이러한 데이터를 활용할 수 있다면, 환자의 병원 방문은 현격히 줄어들 것입니다. 결국 사회가 디지털화를 빠르게 정비할수록 온라인 진료도 앞당겨 실현되는 것입니다.

의료 기술은
인공지능으로
급격히 발전한다

온라인·오프라인에 관계없이 2040년의 진료 현장에서 당연하게 활용되는

것은 인공지능일 것입니다.

의사가 되기 위하여 잠자는 시간까지 아껴가며 공부를 해왔겠지만, 지식의

양으로는 인공지능을 이길 수 없습니다. 의사는 의학 지식 이외에도 오랜 임상

경험을 바탕으로 질병의 원인을 파악합니다. 하지만 한 명의 의사가 진찰할 수

있는 환자의 수에는 분명 한계가 있습니다. 아무리 많은 환자를 진찰한다고

하더라도 평생 100만 명의 환자를 진찰할 수는 없습니다.

하지만 인공지능이라면 다릅니다. 100만 명은커녕 1,000만 명이 될 수도 있고 같은 세대 모든 인간의 데이터를 모으거나 과거의 병력도 수집할 수 있습니다.

어느 쪽의 정확도가 높을지는 한눈에 알아볼 수 있습니다. 일반적인 질병이나 전형적인 치료를 받는 환자라면 최신 데이터를 기반으로 인공지능이 빠르고 실수 없이 진단할 것입니다.

영상 진단의 세계는 이미 인공지능이 인간을 능가하고 있습니다. X선 사진이나 CT, MRI, 초음파 영상 등을 통해 질병을 진단하는 정확도는 인간이 아무리 발버둥 쳐도 인공지능을 당해낼 수 없습니다.

뇌동맥류를 찾아내는 영상 진단 소프트웨어의 경우 동맥류를 발견하는 비율이 개발 단계에서도 77.2퍼센트로 인간 의사보다 약 10퍼센트포인트 높았다고 합니다. 따라서 기술적으로는 지금 당장 의료 현장에 투입이 가능한 상황입니다.

진료실에서 의사의 역할을 인공지능을 비롯한 신기술이 대체하는 것은 시간 문제일 뿐입니다. 지금까지 의사는 오랜 경험으로 환자의 안색을 보고 문진을 하며 환자의 문제를 진단해왔지만, 앞으로는 환자의 모습을 촬영한 인공지능이 환자의 행동이나 안색, 표정 등을 정량적으로 분석하여 환자의 문제를 판별하게 될 것입니다.

덧붙여서 환자가 원하는지 아닌지는 별개의 문제겠지만, 전형적인 외과

수술도 인공지능의 판단을 바탕으로 로봇이 수술을 실행하는 것이

기술적으로 가능해질 것입니다.

중환자실ICU에서 치료하는 환자의 상시 모니터링도 가능해집니다. 센서

기술이 고도화되면 약간의 변화부터 증상의 악화를 예측할 수 있기 때문에,

환자가 위독해지기 전에 대응을 할 수 있습니다.

응급실로 실려 오는 빠른 치료가 필요한 환자도, 과거의 병력을 바로 조회하여

갑자기 증상이 나타난 것인지 만성질환이 악화된 것인지를 판단할 수

있습니다. 응급실로 여러 환자가 몰려들어 발생할 수 있는 판단 지연의 문제도

사전에 방지할 수 있을 것입니다.

다만, 인공지능의 진단으로 오진이 발생한다면 책임을 어떻게 할 것인가

같은 법적인 문제가 있기 때문에 의료 분야에 인공지능과 같은 첨단 기술이

도입되는 것은 생각보다 늦어질 수도 있습니다. 현재의 의료법은 기술의

진보를 따라오지 못하고 있기 때문입니다.

약도 인공지능으로
효율적 처방이
가능하다

의료 분야 데이터베이스가 축적되어 인공지능이 전면적으로 운용된다면,

약의 처방도 훨씬 적절한 형태로 발전할 것입니다.

약을 처방하는 방법은 의사의 경험치에 의해 도출됩니다. 어떤 약을 처방하고,

그 약이 듣지 않으면 양을 늘리고, 그래도 효과가 없으면 다른 약을 시험하는

방식입니다. 반면 인공지능을 활용하면 축적된 데이터베이스를 바탕으로

환자의 성별, 나이, 인종 등을 고려하여 처방을 지금보다 더 적절하게 제공할

수 있을 것입니다.

약의 종류뿐 아니라 몸 상태에 맞춰 복용량이나 복용 시기 등을 조정한

세심한 처방도 가능해집니다. 우리 몸은 같은 나이여도 사람마다 차이가

있고, 같은 사람이라도 날짜와 시간에 따라 컨디션이 달라집니다. 혈압과

약의 혈중 농도도 달라집니다. 현재의 기술로는 그렇게 세밀하게 구분하지

못하기 때문에 약을 아침, 점심, 저녁에 맞춰 식후나 식전에 복용하는 경우가

많습니다.

하지만 2040년이 되면 웨어러블 디바이스*가 보급되어 개인의 건강 데이터를

상시 파악할 수 있게 됩니다. 현재 상태에 맞춰 약효 성분을 자동으로 산출,

적절한 양과 복용 시간을 제시하는 것이 일상의 풍경이 될 것입니다.

아침, 점심, 저녁 식후 1정씩 복용하는 것이 아니라 아침 1정, 점심 0.8정, 저녁

0.5정 식으로 복용할 수도 있고, 복용 시기도 식후나 식전이 아닌 식간이 될

수도 있습니다. 약을 가장 효과적으로 복용하기 위해서는 추가로 약이 필요한

상태의 혈중 농도가 되었을 때 복용하는 것이 최선입니다. 인공지능 시대에는

일상적인 행동과 건강 상태를 감안하여 복용량과 시간이 최적화될 것입니다.

이 또한 기술적으로 어려움은 높지 않습니다. 전문가들은 2025년경에는

기술적으로 실현이 가능할 것으로 예측하고 있습니다.

* 입을 수 있는 기기나 장치. 대표적으로 스마트 워치, 스마트 글라스 등이 있다.

처방약을 복용하는 방법 따위는 사소한 것으로 생각할지도 모르지만,

의료 현장에서는 복용 시기가 어렵거나 관리가 힘들어서 효험이 있음에도

불구하고 꺼리는 약이 적지 않습니다. 인공지능에 의한 약 처방의 최적화가

진행된다면, 환자 시점에서의 의료가 실현되는 것입니다.

어쩌면 미래의 인간 의사들은 지금보다 경험이 더 중요해질지 모릅니다. 인간

의사들은 불확정 요소가 많은 환자의 진찰을 중심으로 담당하게 될 것입니다.

인공지능은 불확정 요소가 많으면 결론을 낼 수 없습니다. 그러나 환자는

진단의 답을 기대합니다. 따라서 인간 의사는 지식뿐만 아니라 자신의

경험으로 판단을 해야 하는 어려운 역할을 수행할 수밖에 없습니다.

누구나 그러한 진단을 할 수 있는 것이 아니기에, 인간 의사도 양극화가

진행될 것입니다. 하나는 방금 언급했던 인공지능이 진단할 수 없는 임상을

하거나 새로운 치료법을 생각해내는 의사, 다른 하나는 인공지능이 제시한

진단을 환자에게 친절하게 설명하거나 고민 상담을 해주는 의사입니다.

의사가 무엇을 하면 좋을지는 지금보다 훨씬 성격이 바뀌어 있을 것입니다.

어쩌면 2040년의 의사들은 모두가 높은 수입을 올리는 세계가 아닐지도

모릅니다.

게놈 편집 기술로
난치병을
치료한다

2040년이 되면 초진이나 응급치료 시의 오진이 극적으로 줄어들 뿐만

아니라, 과거 같으면 위독해졌을 질환이나 걷잡을 수 없었던 질환도 치료될

가능성이 비약적으로 높아질 것입니다.

그 선두에 서는 것이 바로 유전자 치료입니다. 개인의 유전자를 분석하면

장래에 어떤 병에 걸릴 가능성이 있는지, 어떤 체질인지를 알 수 있다는 것을

알고 계신지요?

2040년에는 암과 같은 질환 특유의 유전자 변이를 인공지능으로 조기에

발견하고 치료하는 일련의 흐름이 당연하게 정착되고 있을 것입니다.

그때는 유전자를 자유자재로 잘라 붙이는 '게놈 편집 기술'이 의료를 이끌

것으로 기대하고 있습니다. 이 기술은 인간을 구성하는 유전자군인 '게놈'을

바꾸는 기술입니다.

1953년 DNA 구조가 밝혀진 것은 의학계에 대단한 사건이었지만, 당시부터

이미 '게놈 편집 기술'은 구상되고 있었습니다. 세포 내의 병변 부분과 정상

유전자를 인간의 조작으로 교체하여 병을 치료하는 꿈같은 치료법이었죠.

하지만 엄청난 시간과 노력을 들였음에도 불구하고 의도했던 유전자를

교체하는 데는 정확성 문제가 있었습니다.

게놈 편집 기술은 2012년 '크리스퍼 캐스9'이라는 대표적인 기법이 등장함에

따라 가능성이 단번에 확대됩니다.

크리스퍼 캐스9으로 인해 바꾸고 싶은 유전자 정보의 위치를 파악하고

삭제하거나 대체할 수 있게 되었습니다. 현재 전 세계 연구실에서는 이를

활용하여 유전자를 편집한 쥐나 파리 등을 사용하고 있을 정도입니다.

유전자 편집은 점점 익숙한 기술이 되고 있습니다.

2040년에는 암이나 혈우병, 근육퇴행위축 등과 같은 난치병 치료에도 이

기술이 활용되고 있을 것입니다.

암에 대해 더 자세히 알아보도록 하겠습니다. 암은 이제 사망원인의 1위를 기록할 정도가 되었습니다. 국립암연구센터의 조사에 의하면, 일본인이 암으로 사망할 확률은 남성 23.9퍼센트(4명 중 1명), 여성 15.1퍼센트(7명 중 1명)라고 합니다.

암 치료가 어려운 이유는 같은 위암이라고 해도 진행 정도나 치료에 대한 반응이 환자마다 다르기 때문입니다. 따라서 정해진 치료법이 있는 것이 아니라 의사는 환자마다 다르게 대응해야 합니다.

이러한 상황이 최근 들어 변하고 있습니다. 암에는 여러 종류가 있지만, 발병 매커니즘은 모두 동일하게 유전자 변이에 의해서 일어납니다. 2000년대 이후 개인의 유전자 배열 해석이 진행되면서, 유전자에 직접 접근하여 치료를 할 수 있는 항암제가 실용화되었습니다.

이러한 항암제를 '분자 표적약'이라고 하는데, 이 약은 암세포의 증식, 전이 등과 관련되는 특정 유전자만을 표적으로 하여 공격할 수 있습니다. 2005년 유방암, 위암, 혈액암 치료제부터 개발이 시작되어, 2010년대에는 췌장암 등 치료가 어려운 암도 대상으로 삼기 시작했습니다.

암이 약으로 간단히 치료되는 병으로 전락하는 시대가 먼 미래의 소망이 아닌
이제 곧 찾아올 미래가 되고 있는 것입니다.

이 밖에도 암 치료에는 '면역 체크포인트 억제제'라는 획기적인 약도 개발되고
있습니다. 암세포는 인간의 면역세포를 억제하는 움직임을 보이는데, 이 약은
암세포가 면역세포를 억제하는 작용을 방해함으로써 면역세포를 기능시켜
암세포와 싸우게 합니다.

아직도 '암에 걸리면 끝이야'라고 생각하는 사람이 많을지도 모르지만, 지금
소개한 두 약은 2020년대 암의 치료를 크게 바꿀 것이 틀림없습니다. 그리고
2035년에는 대부분의 암이 정복될 것이라는 낙관적인 전망도 나오고
있습니다.

재생의료로
치매를
치료한다

우리 몸은 약 37조 개의 세포로 이루어져 있다고 합니다. 각각의 세포는

역할이 처음부터 정해져 있어 심장 세포로 태어나면 심장밖에 될 수 없고, 폐

세포는 폐밖에 될 수 없습니다.

그러나 재생의료의 등장으로 세포 하나를 통해 다른 여러 장기를 만들 수 있는

길이 열렸습니다. 심장이 좋지 않다면 다른 부분의 세포에서 심장 세포를 만들

수 있는 것입니다. 이런 일을 할 수 있는 세포를 'iPS 세포[*]'라고 합니다.

---

[*] 유도만능줄기세포(induced pluripotent stem cells)

이 기술을 활용하면 치료에 필요한 세포를 재생할 수 있을 것으로 기대하고

있습니다. 지금까지 확실한 치료법이 없었던 척수 손상의 경우도 치료의

서광이 비치는 것입니다.

척수는 신경세포로 된 다발로 몸과 뇌 사이의 중추적인 정보 소통 경로이자,

운동이나 감각 등을 통제하기 위해서 반드시 필요한 기관입니다. 하지만

사고나 질병 등으로 척수가 손상을 입으면 뇌가 연락을 취할 수 없기 때문에

몸은 마비 상태가 될 수밖에 없습니다. 이때 재생의료로 척수 신경의 근원이

되는 세포를 만들어 환자에게 이식하면 치료가 가능할 것으로 기대하고

있습니다.

현재, 척수 손상으로 팔다리가 마비된 원숭이에게 재생의료로 만든 세포를

이식하여 일정한 성과를 내고 있습니다.

재생의료의 발전에 따라 각종 난치병의 원인 규명도 비약적으로 진행되고

있습니다.

지금까지 파킨슨병이나 알츠하이머병 등은 발병 원인이 잘 알려지지

않았습니다. 원인을 조사하려면 살아있는 신경세포가 필요한데, 환자의

뇌에서 신경세포를 꺼내는 것이 어렵기 때문입니다. 그러나 iPS 세포를

활용하면 환자의 다른 부위의 세포에서 신경세포를 만들 수 있고, 이것을

건강한 사람의 세포와 비교 연구하면 난치병이 발병하는 구조와 치료법이

개발될 수 있다는 것입니다.

단, 한 가지 주의해야 할 것이 있습니다. 재생의료의 미래는 분명히 밝지만,

iPS 세포가 나아갈 길은 생각보다 험난하다는 것입니다. iPS 세포는 다양한

조직과 장기로 성장한다고 당초에 알려졌지만, 성공률이 너무 낮다는 문제가

있습니다. iPS 세포는 유망하지만 만능은 아니었던 것입니다.

또한 iPS 세포를 간단하게 설명하면 세포 증식을 반복하는 기술입니다. 이는

암세포의 증식 과정과 유사합니다. 암세포는 세포 자체는 건강하지만, 계속

증가하는 것이 문제가 되는 세포입니다. iPS 세포도 암처럼 무한 증식을 하지

않는지 확인할 필요가 있습니다. 2019년 일본 정부가 iPS 세포의 예산에

난색을 나타낸 것에 이러한 배경이 있었습니다.

교토대학교의 야마나카 신야 교수가 iPS 세포로 노벨상을 수상한 적이 있어

'재생의료=iPS 세포'로 인식하기 쉽지만, 재생의료란 질병이나 부상으로

인해 작동하지 않는 몸의 조직이나 장기를 재생하여 치료하는 의료 전반을

말합니다.

수정란으로 만드는 'ES 세포**'나 체내에 존재하는 '체성 줄기세포' 등

재생의료에 이용할 수 있는 다양한 세포가 있습니다.

'스테미락Stemirac'이라는 줄기세포 치료제의 경우 척수 손상 환자의 골수액에

포함된 체성 줄기세포를 환자 자신의 혈청에서 배양한 뒤에 다시 주입하는

방식으로 골수를 재생하여 이미 치료 효과를 증명하였습니다.

재생의료 관련 시장은 2030년에 일본에서만 10조 원을 넘는 규모로 성장할

것이라는 추산도 있습니다. 이것도 먼 미래의 이야기처럼 들리지만, 이미

일본에서 제조판매를 승인받은 재생의료 제품은 피부 시트와 심근 시트를

비롯하여 벌써 9개 제품에 이르고 있습니다.***

특히, 환자 자신의 피부를 배양한 피부 시트를 이용한 치료는 이미 실용화를

마친 상태입니다. 피부 이외에도 폐, 심장, 관절 등의 인공화도 거의 실용화를

눈앞에 두고 있는 상태로, 2040년에는 대부분의 장기가 인공장기로 재생이

가능한 시대가 열릴 것으로 전망하고 있습니다.

** 배아줄기세포(embryonic stem cells)
*** 2020년 10월 시점

백신 개발 속도가
비약적으로
빨라진다

백신을 개발하는 데는 보통 2년 이상의 시간이 걸린다고 합니다.

바이러스에는 면역이 안 되는 것도 있기 때문에 면역이 가능한지를 먼저

알아보고, 면역이 가능하다면 임상실험에 들어가게 됩니다. 연구실에서

시행되는 실험부터 동물 실험을 거쳐 최종적으로 사람의 임상실험까지

수많은 과정을 거치기 때문에 개발된 백신이 실제 사용 승인을 받기까지는

10년 이상의 시간이 걸리기도 합니다. 그 과정에서 승인을 받지 못하고 개발이

취소되는 백신이 수없이 나오게 됩니다.

그러나 2020년 코로나의 대유행은 몇 년의 시간을 기다리지 못하게 만들었습니다. 코로나 백신의 개발은 역사상 유례가 없는 것으로, 세계가 엄청난 속도로 백신을 개발하고 임상실험에 나섰습니다. 이러한 코로나 백신의 개발과정은 미래의 다른 백신 개발에 토대가 될 것으로 기대하고 있습니다.

최근 백신 및 신약 개발의 기술은 빠른 속도로 발전하고 있습니다. 빅데이터를 활용하여 병원체와 약물의 숨은 관계성을 알아내는 등 정보처리 기술의 진전으로 신약 개발도 속도가 붙고 있는 것입니다. 그런 가운데 그동안 시간을 소요했던 제약회사의 개발 공정과 규제 당국의 승인 과정 그리고 세계를 아우르는 유통망 정비 등이 코로나의 대유행으로 재검토된 것은 큰 의미가 있다고 볼 수 있습니다.

하지만 안타깝게도 인류의 의료 기술이 발전하는 것처럼 질병 또한 계속 진화하고 있습니다. 세계화가 진행될수록 외국의 병원균과 바이러스가 세계로 퍼지는 속도도 빨라지고 있습니다. 코로나19만이 갑자기 등장한 질병이 아닙니다. 세계보건기구WHO에 의하면 1970년대 이후 세계에는 매년 새로운 질병이 등장하고 있다고 합니다.

흔한 병원균으로 여겨졌던 것조차 갑자기 진화하여 기존 항생제에 대한

저항력을 가질 수도 있습니다. 항생제를 발명하기 전 인류의 의료는 엄청난

고난으로 가득 차 있었다는 점을 감안하면 미지의 바이러스나 병원균이 언제

우리를 그 시절로 되돌려 우리의 생명을 위협할지도 모릅니다.

그럼에도 모든 병의 증상을 기록하고 최선의 치료법을 내놓는다면,

'데이터베이스'라는 이름의 우수한 의사의 등장과 새로운 백신 개발 체제는

인류를 구원할 것입니다. 개개인을 위한 맞춤 의료도 실현되면서 2040년

당신의 수명은 틀림없이 연장될 것입니다.

에너지 문제의
열쇠는
배터리이다

석유나 천연가스와 같은 에너지 자원이 적은 일본은 2011년 후쿠시마 원전

사고가 발생하기 전까지 원자력 발전이 주축이었지만, 원전 사고 이후 일본의

에너지 정책은 갈 길을 잃었습니다.

2040년 이러한 상황을 구원할 수 있는 존재로 '전고체 배터리'가 떠오르고

있습니다.

아마 많은 사람들이 원자력 발전이 안된다면, 태양력 발전이나 풍력 발전 등

신재생 에너지를 늘리면 된다고 생각할 것입니다. 맞는 이야기입니다. 실제로

화석연료 사용으로 인한 지구온난화 문제로 많은 나라들이 신재생 에너지의

활용을 늘리고 있습니다. 원자력 발전도 프랑스를 비롯한 일부 국가를

제외하면 거리를 두고 있는 상황입니다.

이를 반영하듯 2019년 전 세계에서 새로 도입된 전원의 72퍼센트가

신재생 에너지였다고 합니다[*]. 전력 인프라가 갖춰지지 않은 아프리카 등의

개발도상국에서도 신재생 에너지의 보급은 활발하게 이뤄지고 있습니다.

이미 전 세계 발전설비 용량의 1/3 이상이 신재생 에너지라는 통계도

있습니다.

하지만 전력을 대량으로 소비하는 선진국이 신재생 에너지를 주전원으로

삼기에는 문제가 많은 것도 사실입니다.

특히, 태양광 발전과 풍력 발전 같은 신재생 에너지는 기후에 크게 의존하기

때문에 출력이 불안정하다는 특징이 있습니다. 이 문제를 해결하기 위해서는

저렴한 비용으로 발전된 전기를 보관할 수 있는 시설이 있어야 하지만,

아직까지 대량의 전기를 보관할 시설이 마땅치 않습니다.

[*]   국제재생에너지기구(IRENA) 조사

현재 전기를 보관하기 위한 축전지로 가장 많이 쓰이는 것이 리튬이온

배터리입니다. 우리가 사용하는 스마트폰에 내장된 배터리로 스마트폰을

비롯하여 충전이 필요한 여러 가지 제품에 활용되고 있습니다.

축전지에는 연축 전지, 니켈카드뮴 전지 등 여러 가지 종류가 있지만, 그중

가장 획기적인 것이 에너지 밀도가 높고 소형으로 장기간 사용이 가능한

리튬이온 배터리였습니다.

다만, 리튬이온 배터리는 안정성에 문제가 있습니다. 전극에 사용되는

전해액이 유기화합물, 즉 불에 타는 소재로 되어 있기 때문입니다. 따라서

강한 충격이 가해지면 배터리의 온도가 올라가고, 전해액이 새는 경우 발화나

폭발로 이어지기도 합니다. 실제로 스마트폰이 폭발했다는 거짓말 같은

이야기들이 인터넷을 뜨겁게 했던 것을 기억하는 분도 있을 것입니다.

이런 문제를 해결하기 위해 개발되고 있는 것이 '전고체 배터리'입니다. 불에

타는 소재인 전해액을 고체로 대체한 것입니다. 더 정확하게 말하면 배터리의

내부를 이온이 전도할 수 있는 고체인 '고체 전해질'로 대체한 것입니다.

전해액 대신에 고체의 물질을 전해질로 사용하기 때문에 전해액이 새는

걱정이 없고, 불에 잘 타지 않아 안정성이 높습니다.

그림 5 리튬이온 배터리와 전고체 배터리

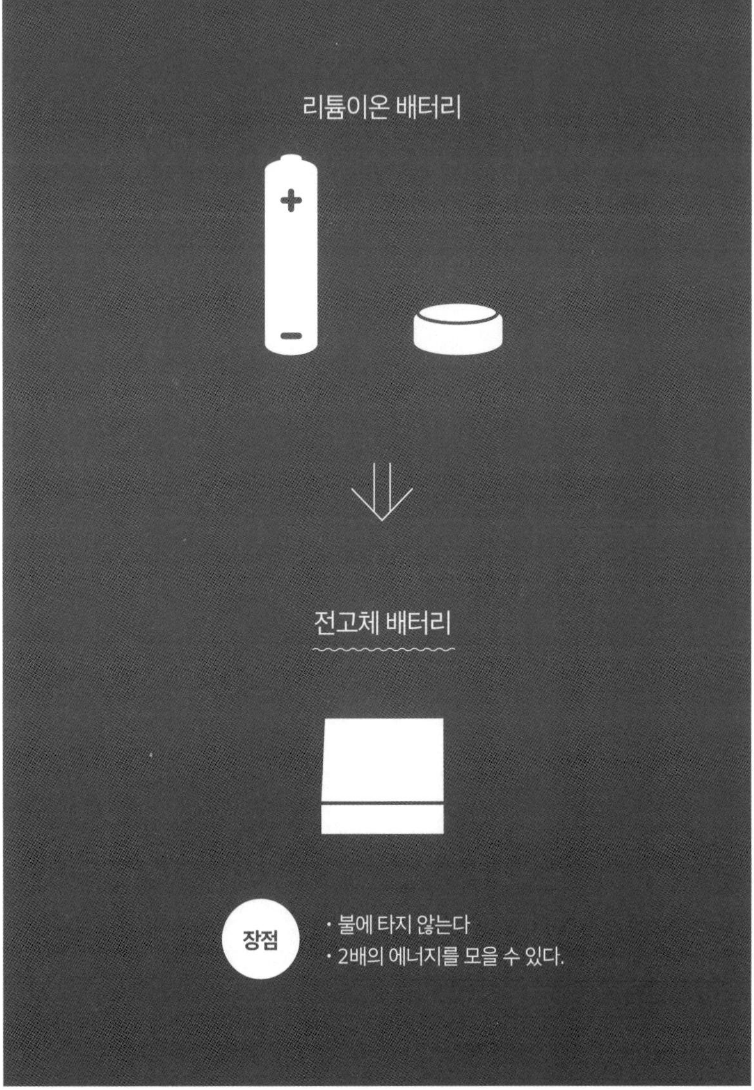

리튬이온 배터리

전고체 배터리

장점
· 불에 타지 않는다
· 2배의 에너지를 모을 수 있다.

전고체 배터리는 크기도 아주 작은 편입니다. 축전지로 아직 상용화되지 않았기 때문에 성능을 비교하는 것은 어렵지만, 같은 용량이라면 크기가 리튬이온 배터리의 절반으로 줄어듭니다. 즉, 전고체 배터리가 상용화된다면 같은 공간에 두 배의 전기를 보관할 수 있게 되는 것입니다.

전고체 배터리에
거는
기대가 크다

현재 전고체 배터리에 가장 뜨거운 기대를 보내는 곳은 자동차 업계입니다.

전기자동차의 가장 큰 과제인 항속거리 문제를 해결할 것으로 예상되기

때문이죠.

공간이 한정적인 자동차의 특성상, 1회 충전당 주행거리를 의미하는

항속거리를 늘리기 위해서는 작고 성능이 좋은 배터리가 필수적입니다.

따라서 전고체 배터리를 사용하면 항속거리가 지금보다 두 배 정도인

700~800킬로미터로 늘어날 것이 예상됩니다. 비약적으로 항속거리가

늘어나는 것과 동시에 폭발 및 화재의 위험에서도 벗어날 수 있습니다.

그뿐만이 아닙니다. 전기자동차의 리튬이온 배터리를 전고체 배터리로

대체하면 에너지 환경도 지금과 완전히 달라질 수 있습니다. 전기자동차가

전기 보관시설로 활용될 수 있기 때문입니다.

전기자동차를 전력망과 연결하는 'V2GVehicle To Grid'가 큰 변화를 가져올

가능성이 있습니다.

구조는 간단합니다. 앞서 언급했듯이 신재생 에너지는 기후에 영향을 많이

받습니다. 따라서 태양광 발전의 경우 햇볕이 쨍쨍한 낮에는 전기자동차에

전기를 모아두고, 전기 사용량이 많은 밤에는 전기자동차에서 전기를

가져오는 개념입니다. 정전이나 재해 시에는 비상 전력으로도 사용이

가능합니다.

이것이 현실화되면 당연히 낭비되는 전기는 줄어들고 사용할 수 있는 전기는

늘어납니다. 안전하고 용량이 큰 전고체 배터리가 전기자동차에 탑재된다면,

V2G 보급에 탄력이 붙을 것으로 예상됩니다.

일본의 전기자동차 보유 수는 중국, 미국, 노르웨이에 이어 세계 4위입니다.

2030년까지 승용차 신차 판매에서 차지하는 전기자동차의 비율을

30퍼센트로 확대하는 것을 목표로 하고 있기 때문에 V2G가 확산될 수 있는

그림6 세계 전기차 보유 수

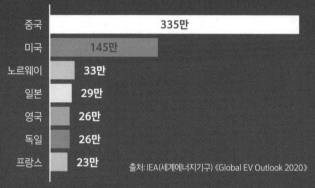

세계 전기자동차 보유 수
(2005-2019)

중국	335만
미국	145만
노르웨이	33만
일본	29만
영국	26만
독일	26만
프랑스	23만

출처: IEA(세계에너지기구)《Global EV Outlook 2020》

전고체 전지의 특허 비율

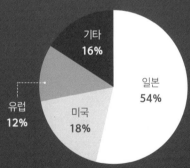

기타 16%
일본 54%
미국 18%
유럽 12%

출처: 유럽특허청과 국제에너지기관(IEA)이
2020년 9월에 정리한 전지 특허 관련 조사

토양은 충분합니다.

전기자동차 전용 전고체 배터리의 실용화는 이미 시작되었습니다. 2020년대 중반부터 보급이 시작되어 본격적인 보급은 2030년 전후로 예상하고 있습니다. 그때쯤이면 태양전지의 발전 효율도 비약적으로 향상되어 있을 것입니다.

태양광 발전의 효율성이 높아지고 대중화된 전기자동차에 태양광 발전 전력을 저장하게 되면, 에너지 정책은 근본적으로 바뀌게 됩니다. 전고체 배터리는 전기자동차 산업은 물론 신재생 에너지의 활용 가능성까지 크게 바꿀 수 있습니다.

풍력 발전에는
어려움이
많다

신재생 에너지와 전고체 배터리는 2030년까지 에너지 정책의 중심이 될

것입니다.

신재생 에너지의 보급에 제약이 되고 있던 것은 송전망이지만, 송전망을

정비하고 공급이 불안정하다는 결점을 보완하기 위해서는 대용량의 축전지가

필요하다는 것이 확실한 사실이기 때문입니다. 따라서 정부는 전고체

배터리에 재정 지원을 아끼지 않을 것이고 개발은 빠르게 진행될 것입니다.

신재생 에너지를 핵심 전원으로 하는 에너지 정책에서 태양광 발전과 함께

'비장의 카드'로 떠오르는 것이 해상 풍력 발전입니다.

해상 풍력 발전은 바다 위에 발전설비를 만들어서 풍력으로 전기를 생산하는 방식입니다. 풍력 발전은 지금까지 대부분 육상에서 이뤄졌지만, 바다의 경우 육지보다 바람이 세고 대규모 발전 시설을 세울 수 있다는 장점이 있습니다. 또한 풍력 발전의 문제점 중 하나였던 소음 문제를 해결할 수 있어 대형화가 가능합니다. 바다로 둘러싸인 섬나라 일본에서는 확대가 쉽다는 판단도 있었습니다.

정부는 2030년까지 해상 풍력 발전 단지를 전국에 만들고, 원자력 발전 10기에 해당하는 1,000만 킬로와트 분량의 전기를 확보할 계획을 세우고 있습니다.

유럽에서는 이미 해상 풍력 발전을 통해 전기를 생산하고 있습니다.

대규모 시설과 풍력 발전기의 대형화로 화력 발전보다 저렴한 비용으로 전기를 생산하는 곳도 있다고 합니다. 그러나 이것은 유럽만의 환경이기에 가능합니다. 유럽은 육지와 멀리 떨어진 바다까지 수심이 얕은 곳이 많아 비교적 저렴한 비용으로 풍력 발전기를 해저에 부설하는 '착상식'이라고 불리는 풍력 발전 방식을 채택할 수 있습니다. 또한 항상 편서풍이 강하게 부는 좋은 조건도 갖추고 있습니다.

반면, 일본은 육지에서 멀리 떨어진 얕은 바다가 적기 때문에 바다에 풍력 발전기를 띄우는 '부체식'이 중심이 될 수밖에 없습니다. 부체식은 착상식보다 설치비용이 많이 들기 때문에 세계적으로 도입 실적이 많지 않습니다.

또 태풍이 많이 발생하기 때문에 위험한 부분도 많을 것입니다. 풍력 발전의 소음으로 인한 어획량 감소로 어민들과의 교섭도 필요할 것입니다.

따라서 현재는 해상 풍력 발전의 도입 비용이 유럽의 3배에 이른다고 합니다. 발전시설의 수가 늘어날수록 설치비용은 어느 정도 내려가겠지만, 유럽과 환경 자체가 다르다는 것은 유념해야 할 것입니다.

정부는 풍력 발전 용량을 2040년에 3,000만 킬로와트까지 확대할 의욕을 보이고 있지만, 애당초 1,000만 킬로와트라고 해도 전체 발전 용량에서 풍력 발전이 차지하는 비율은 2퍼센트에도 못 미칩니다. 해상 풍력 발전을 신재생 에너지의 카드로 활용하려면 육지에 인접한 바다를 모두 풍력 발전 설비로 채워야 할 정도입니다.

이것은 아무리 생각해도 현실적이지 않습니다. 기술의 발전으로 이러한 과제를 모두 극복할 수 있을지도 모르겠지만, 지금 정부의 에너지 정책은 '목표만 있고 논리는 없다'라는 인상을 지울 수 없습니다.

차세대 에너지로
핵융합 발전을
주목한다

현재 전 세계가 크게 기대하는 차세대 에너지는 핵융합 발전입니다.

핵융합 발전은 태양이 불타는 것과 같은 구조를 지상에서 재현하는 기술을

말합니다. '지상의 태양'이라고 불리는 핵융합 발전은 원전에 비해 안전하고

연료를 바닷물에서 얻을 수 있어 자원에 의존하지 않고 에너지를 만들어낼 수

있습니다.

핵융합이란 가벼운 원자핵끼리 결합하여 무거운 원자핵이 되는 현상을

말합니다. 구체적으로는 중수소와 삼중수소의 원자핵이 충돌하여 헬륨의

원자핵과 강력한 중성자를 발생시키고, 그 중성자를 벽에 부딪쳐 발생하는 열을 활용하는 것입니다. 상상하기 어려울지 모르지만 엄청난 에너지를 발생시킨다고 생각하시면 됩니다.

핵융합 기술을 활용하면 중수소 등 연료 1그램으로 석유 8톤 분량의 에너지를 얻을 수 있다고 합니다. 게다가 연료로 쓰이는 중수소는 바닷물에서 삼중수소는 광물과 바닷물에서 구할 수 있습니다.

핵융합 발전은 연료가 고갈될 우려가 거의 없으며, 지구온난화의 원인이 되는 이산화탄소도 배출하지 않고, 원전에서 우려되는 고준위 방사성 폐기물도 발생시키지 않습니다. 신재생 에너지처럼 기후에 좌우되지도 않는다는 장점이 있습니다.

화력이나 원전의 문제점을 극복하고 안전하며, 환경에도 영향을 주지 않고 처리하기 힘든 폐기물도 배출하지 않습니다. 이것이 핵융합 발전을 '꿈의 기술'이라고 부르는 이유입니다.

상용화가 가능한 핵융합 발전의 가능성을 연구하기 위해 총 34개국이 참여한 '국제 핵융합 실험로ITER'가 프랑스에 건설될 계획입니다. 총 사업비로 200억 유로(약 26조 원)를 들여 소형 발전소와 같은 17만 킬로와트 규모의 발전을 목표로 하고 있습니다.

ITER는 2020년 건설을 시작하여 2025년 실험 개시를 목표로 하고 있으며, 순조롭게 진행된다면 2035년 본격 가동을 시작해 2050년에는 핵융합 발전이 실용화될 것으로 예상하고 있습니다.

물론 '꿈의 기술'인 만큼 장벽이 낮지 않습니다. 태양을 지상에서 재현한다는 것이 쉽지는 않은 것입니다.

핵융합로에서는 물질을 1억도 이상으로 만들어 원자핵이 고속으로 운동하는 '플라즈마' 상태로 만들고 원자핵의 반발을 억제해야 하지만, 문제는 플라즈마 상태를 장시간 유지하고 제어하는 것이 쉽지 않다는 점입니다. 다만 관련 기술은 일취일보하고 있습니다. 핵융합 기술은 확실히 전진할 것입니다.

최근에는 매사추세스공대MIT가 기업과 공동으로 2025년에 핵융합로를 가동한다는 계획을 내놓고 있습니다. 최대 100메가와트 규모로 ITER와는 비교할 수 없지만, 가동 시기는 10년이나 빨라진 셈입니다. 여기에 생산한 열에너지를 전기에너지로 바꾸는 발전소도 2035년까지 건설한다는 비전도 세우고 있습니다.

이 계획에서는 플라즈마를 제어하기 위해 ITER 프로젝트가 시작된

2007년에는 없었던 기술을 사용하고 있습니다. 불과 10년 사이에 핵융합로 기술의 발전이 있었음을 확인할 수 있습니다.

2040년 미래에는 세계의 에너지 정책이 신재생 에너지 중심으로 바뀔 것입니다. 그리고 그 무렵에는 20~30년 후 미래를 응시하고 핵융합 발전이 꿈이 아닌 현실의 대체 에너지로써 검토되고 있을 가능성을 부정할 수 없을 것입니다.

텔레비전은
사라지지
않는다

"그런 형태의 엔터테인먼트는 2040년을 끝으로 사라졌어요."

인기 SF 시리즈 〈스타트랙〉에서 과거 시대에서 깨어난 지구인에게

안드로이드인 데이터 소령이 하는 대사입니다.

2040년에는 TV가 사라진다고 해도, 어떤 사람들은 믿지 못할지 모릅니다.

분명히 인터넷의 등장으로 TV에서 멀어지는 사람이 많다는 지적은 나온지

오래되었습니다. 하지만 현재까지는 TV가 미디어로써 위상이 크다는 것을

부정할 수 없습니다.

일본인의 경우 하루 180분 이상 TV를 보는 사람이 가장 많은 것으로

조사되었습니다. 평일에는 약 25퍼센트, 휴일에는 약 35퍼센트가 180분

이상 TV를 시청한다고 합니다.* 2008년 조사보다는 약 5퍼센트 정도

줄어들었지만, 아직까지 평일에는 4명 중 1명, 휴일에는 3명 중 1명 이상이

3시간 이상 TV 앞에 붙어 있는 것입니다. 같은 조사를 인터넷을 가장 활발하게

사용하는 18~29세로 한정해도, 10명 중 9명 가까이가 어떠한 형태로든 TV를

시청하고 있었습니다.

대상 연령을 더욱 낮춰 중고교생으로 한정해도, 70퍼센트 이상이 TV를

시청하고 있었지만, 그중에서 약 80퍼센트가 TV를 시청하면서 스마트폰을

조작한다고 답변하고 있습니다.** 즉, TV는 이제 '멀티태스킹'에 적절한

미디어가 되고 있는 것입니다.

이것은 일본만의 경향이 아닙니다. 미국인의 약 90퍼센트가 TV를 보면서

스마트폰 등의 디바이스를 사용하고 있다는 조사도 있었습니다.***

*　전국 18세 이상 남녀 2000명에게 실시한 조사 (2019년 10월)
**　MMD연구소 조사
***　닐슨 조사

그림 7 　아직까지 많은 사람들이 TV를 보고 있다

하루에 TV를 보는 시간

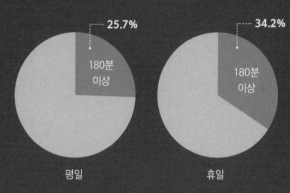

18~29세에 TV를 시청하는 사람의 비율

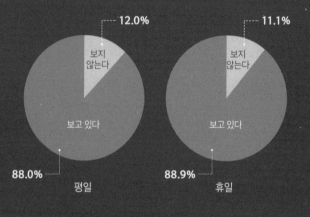

TV는 과거 '멀티태스킹'에 적합한 미디어였던 라디오가 멸종되지 않고

살아남았던 것처럼 라디오와 같은 길을 걸어갈 것입니다.

재미있는 방송은
방송국에서
만들지 않는다

2040년 TV가 사라지지 않는다고 해도, TV는 현재와 같은 존재감을 확실하게

잃을 것입니다. 정확하게 말하면, 방송국에서 제작하는 콘텐츠를 TV로 시청하는

지금과 같은 방식은 사라질 것입니다. 이미 이러한 흐름은 뚜렷해지고

있습니다.

미국에서 몇 년 전에 화제가 되었던 농담이 있습니다.

"시상식에 참석해주신 수천 분과 TV를 시청하고 계신 수백 명의 여러분,

안녕하세요."

이것은 2018년 에미상 시상식 중계에서의 농담이었습니다. 시청률이 낮은 방송국을 조롱하는 농담으로 방송계 최고 권위의 시상식이 시작된 것입니다. 이를 반영하듯 에미상 수상 작품을 보면 이제 미국 3대 방송국의 프로그램을 찾아보기 어렵습니다. 수상 작품들은 넷플릭스, 아마존닷컴 그리고 유료 케이블방송인 HBO 등 3곳 중 하나입니다. 미국에서는 인터넷 기업의 자금력이 더 뛰어나기 때문에 지상파 방송국은 이들 신흥 세력에 완전히 백기를 들고 있는 상황입니다. 재미있는 방송 콘텐츠를 제작하는 곳은 이미 방송국이 아닌 것입니다.

물론 미국에도 TV라는 하드웨어는 존재합니다. 단지 미국 TV에서 소비되는 것은 넷플릭스나 아마존이 만든 프로그램입니다. 최근에는 TV와 인터넷의 연결이 당연하기 때문에, 이들 콘텐츠가 TV에서 소비되고 있는 것입니다. 이제 방송과 인터넷의 경계는 완전히 사라져버렸습니다.

다른 나라도 같은 길을 걷고 있습니다. 방송국의 기능은 대폭 축소될 수밖에 없고, 풍부한 자금력을 가진 인터넷 기업으로 인재들이 흘러갈 것입니다.

이미 넷플릭스, 아마존 등의 콘텐츠 제작비가 방송국과 몇 배가 차이가 난다고 하니 역전은 불가능해 보입니다.

방송국은 뉴스 보도나 스포츠 중계 등 생방송 분야에 자원을 투입하는 것이 생존책이 될 수 있지만, 이 분야에서도 최근에는 스포츠 중계 스트리밍 서비스 등이 대두되고 있어 경쟁이 쉽지 않을 전망입니다.

결국, 가장 먼저 도태될 곳은 중앙 방송국에 콘텐츠를 의존하고 있는 지방 방송국이 될 것입니다.

텔레비전 자체는
사라질지
모른다

앞서 언급한 〈스타트랙〉의 이야기는 아니더라도, 영상을 보는 방식은 확실히 달라질 것입니다.

2040년을 기다리지 않더라도 통신 속도는 비약적으로 빨라질 것이기 때문에, 스마트폰 등을 통해 고해상도의 동영상을 무제한으로 재생할 수 있다는 점을 고려한다면 여러 가지 가능성을 생각해볼 수 있습니다.

가장 먼저 기대되는 것은 '3D 영상'입니다. 통신 속도가 빨라짐에 따라 2차원 영상에 비해 정보량이 월등히 많은 3D 영상도 처리에 문제가 없을 것입니다.

축구, 야구 등 스포츠 중계를 3D 전용 안경을 쓰고 시청하는 것도 꿈이 아닌

표준 사양이 될 수 있습니다. 경기장의 특등석에 앉아 있는 것처럼 고개를

돌리면 360도의 현장감이 있는 중계 영상을 즐길 수 있게 되는 것입니다.

NHK방송기술연구소에 의하면 2040년에는 증강현실 안경을 이용해 방송

출연자가 TV 속이 아닌 눈앞으로 뛰쳐나오는 듯한 감각까지도 경험할 수 있을

것이라고 합니다. 따라서 영상 시청 방식도 헤드마운트 디스플레이나 얼굴을

가리는 돔형 디스플레이로 가상현실 영상을 즐기게 될지도 모르는 것입니다.

그렇다면 그것을 TV라고 부를 수 있을까요?

아마 TV가 멸종하는 세계가 될 가능성이 있다는 것은 이처럼 하드웨어로써

TV가 사라지는 미래일 것입니다.

신문은
이미
멸종위기종이다

신문이 사라질 것이라는 말이 나온 것은 오래되었습니다.

2040년에는 우리가 생각하는 신문은 TV처럼 없어졌을 것입니다. 이미

현재도 신문은 빠른 속도로 사라지고 있습니다.

일본의 신문 발행 부수는 1997년에 약 5,400만 부로 정점이었습니다.

그러다가 2019년에는 약 3,800만 부로 약 1,600만 부가 줄어듭니다.

감소한 발행 부수의 자세한 내역을 살펴보면, 발행 부수의 감소가 가속화되고

있다는 것을 알 수 있습니다. 감소한 발행 부수 약 1,600만 부 중 약 1,250만

부가 최근 10년 동안 감소했으며, 특히 2017년에서 2019년 사이 2년 동안 약 431만 부가 감소한 것으로 조사되고 있습니다.[*]

가구당 구독 부수 또한 0.66부로 2008년 1부 아래로 떨어진 이후 단 한 번도 반전하지 못하고 있습니다. 과거에는 한 집에 한 종씩 있었던 '구독지'라는 개념이 이미 사라진 지 오래된 것입니다.

2040년에는 "옛날에는 신문이라는 종이로 된 미디어가 있었습니다"라고 이야기할지 모릅니다.

신문의 발행 부수는 왜 계속 줄어들까요?

기사의 내용 등은 그다지 큰 원인이 아닐 것입니다. 신문의 품질이 나빠졌다고 외치지만, 신문의 품질은 좋아지지도 나빠지지도 않았습니다.

다들 아시겠지만, 신문 소멸의 원인은 인터넷의 등장. 그 한 마디로 충분합니다.

이전에는 독자에게 최신 정보를 직접 전달하는 기능이 신문밖에 없었기

[*]   일본신문협회 2020년 10월 시점

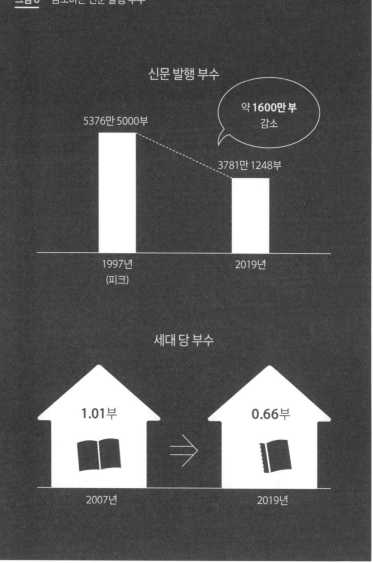

그림 8 감소하는 신문 발행 부수

때문에 많은 가정이 신문을 구독했을 뿐입니다.

지금도 많은 이들이 신문사의 기사를 읽고 있습니다. 종이로 읽지 않을 뿐

인터넷으로 읽고 있습니다. TV와 똑같습니다. 신문사에 '취재를 하고 기사를

쓰는' 기능은 남겠지만 신문이라는 매체는 사라질 수밖에 없습니다.

2040년에는 지금과 같은 형태로 존재하는 신문사는 거의 없을 것입니다.

많은 신문사가 인터넷 매체에 기사를 제공하는 뉴스 제작사로 살아남는 길을

택할 것입니다. 제작 부문만 따로 인수되는 케이스도 나오겠지요. 그리고

회사명만 신문사일 뿐 부동산과 컨벤션 사업만 주최하는 회사가 될 수도

있고, 회사가 분할될 수도 있을 것입니다. 줄어드는 발행 부수로 거대한 조직을

유지할 여력이 있는 신문사는 없을 것입니다.

허공에 뜨는 것은 과거 강력한 무기였던 신문 유통망입니다. 이미 기세는

기울었지만, 신문 유통망은 2019년 시점에 1만 5,344곳에 27만 1,878명의

종사자를 거느리고 있습니다. 이들은 신문사의 위탁을 받아 신문을 판매하는

것이 주업이지만, 신문이 쇠퇴하면 이들의 상황은 여의치 않을 것입니다.

신문 유통망은 물류 거점으로서의 장점이 적지 않습니다. 유통망 종사자들은

지역의 구석구석까지 숙지하고 있으며, 신문 배달 이외에는 사람도 운송수단(오토바이, 자전거 등)도 가동되지 않습니다. 신문 이외의 '무엇'을 운반하기에 안성맞춤이죠.

특히 물류 거점에서 고객까지 '라스트 원 마일'의 수고와 비용을 들일 수밖에 없는 기업에게 매력적일 것입니다.

이미 물류 기업인 SBS그룹은 〈요미우리신문〉의 유통망을 활용해 온라인 쇼핑몰 사업자로부터 집하한 화물의 위탁을 시작했습니다. 전자상거래 업체들은 물류망 구축에 힘을 쓰고 있기 때문에 앞으로도 신문 유통망이 전자상거래 업체의 위탁업체가 되는 사례는 늘어날 것입니다.

그렇다고 해도, 2040년에는 신문 유통망이 살아남을 가능성은 거의 제로일 것입니다. 이미 전자상거래 최대 기업 아마존은 드론 배달을 실험하고 있고, 2040년에는 자율주행 버스와 트럭도 실용화에 들어섰을 것입니다. 장소에 따라서는 물류창고에서 고객의 집까지 사람이나 거점의 개입 없이 물건을 배달하는 것이 가능하게 될 것입니다.

2040
미래 예측

chapter 02

당신의 삶과 직결되는
미래의 경제

노인을 위한
나라가
된다

이번 장에서는 미래의 경제에 대해 다루려고 합니다.

2040년에 과연 연금을 얼마나 받을 수 있을지? 세금은 얼마나 내야 할지?

의료비는 어떻게 될 것인지? 이번 장에서 현황을 제대로 파악하고, 2040년

미래를 대비하기 위해 우리가 무엇을 해야 할지에 대해 함께 생각해보고

싶습니다.

"일본의 재정은 곧 파탄난다"라는 이야기를 누구나 들어봤을 것입니다.

이것에 대해 걱정하는 사람들을 자주 볼 수 있지만, 재정 파탄이 나든 말든

앞으로의 일본은 점점 가난해질 것이 틀림없다는 사실을 인식해야 합니다.

'점점'이라고 표현한 것은, 2022년 현재 일본은 이미 가난하기 때문입니다.

이렇게 말하면 위화감을 느낄지도 모르겠습니다. 우리의 생활은 5년 전,

10년 전과 크게 다르지 않기 때문이죠.

점심에 8,000원짜리 라면을 먹고, 저녁으로 5,000원짜리 편의점 도시락을

먹는 일이 10년 전에도 있었을 것입니다. 변하지 않는 광경이 있으니

가난해지지 않은 것 아닌가 하는 사람도 있을 것입니다.

하지만 이것은 뒤집어서 말하면, 10년 전부터 물가가 거의 오르지 않았다는

것을 의미합니다. 코로나 팬데믹 이전까지는 해외 관광객들이 일본으로

몰려들었습니다. 이것은 일본이 관광 캠페인을 잘하는 것도 일본의 문화가

외국인의 마음을 사로잡은 것도 아닙니다.

단순히 자국에서 물건을 사는 것보다 일본에서 사는 것이 압도적으로 싼

나라들이 늘어나, 그 나라 사람들이 몰려들고 있는 것입니다.

우리가 변하지 않는 사이에 다른 나라는 소득이 증가하고, 부자가 되고,

자국의 물가가 상승했기 때문에 일본에서 쇼핑하는 것이 이득이 된 것입니다.

즉, 일본은 세계의 기준으로 보면 '저렴한 나라'가 되었다는 것입니다.

이러한 상황은 앞으로도 크게 변하지 않을 것입니다.

이번 장에서 다루겠지만, 일본은 경제성장을 거의 기대할 수 없게 되었습니다. GDP 성장률도 2030년 이후에는 마이너스 성장이나 거의 제로라는 예측이 지배적입니다.

미래의 일본은 먹는 것도 곤란한 비극적인 상태는 아니겠지만, 세계를 돌아봤을 때 상대적으로 점점 가난해질 것입니다. 이것은 아무리 탄식해도 해결되기 어렵습니다. 노동인구가 줄어들기 때문에 아무리 생산 현장의 자동화나 사무 업무에 인공지능을 도입한다고 해도, 나라 전체의 생산성 향상이나 경제성장에는 한계가 있습니다.

당연하게도 성장을 바랄 수 없는 나라의 재정이나 사회보장의 전망은 밝지 않습니다. 솔직히 이 책을 쓰면서 어두운 미래밖에 상상할 수 없고 공포를 느낄 수밖에 없지만, 그렇다고 현실에서 눈을 돌릴 수는 없습니다.

우선 국가 재정 상황부터 살펴보겠습니다.

재정의 건전도를 나타내는 것은 정부의 채무 잔액입니다. 채무 잔액은 GDP 대비 제로에 가까울수록 건전하다고 평가받습니다. 일본의 채무 잔액은

2018년 시점에서 GDP 대비 237퍼센트로 IMF(국제통화기금) 조사 188개국 중 188위로 세계 최하위를 기록했습니다.

왜 이러한 사태가 되었을까요?

일본의 재정을 가계로 비유하면, 매년 수입보다 지출이 많은 상태가 계속되고 있기 때문입니다. 만성적으로 빚에 의존한다는 의미입니다.

세금 수입만으로 국가 예산을 조달할 수 없기 때문에 계속 빚에 의존하는 것입니다. 소비세나 소득세, 법인세 등의 세입으로는 세출의 약 60퍼센트밖에 조달할 수 없습니다. 나머지는 채권(국가에서 발행하는 국채)을 발행하고, 그것을 중앙은행인 일본은행이 실질적으로 거의 매입하고 있는 것입니다.

이 상태를 해결하는 방법은 이론적으로 매우 간단합니다. 쓰는 돈을 줄이면 됩니다.

가계와 같이 수입이 적으면 지출을 줄이면 됩니다. 그러면 빚을 낼 필요가 없지만 현실적으로는 어렵습니다.

가장 큰 이유는 고령화 때문입니다. 아무리 노력해도 고령자가 증가하는 것을 피할 수 없고, 따라서 의료 및 간병 비용의 증가를 막을 수 없습니다.

그림 9 일본의 빚은 큰 차이로 세계 1위

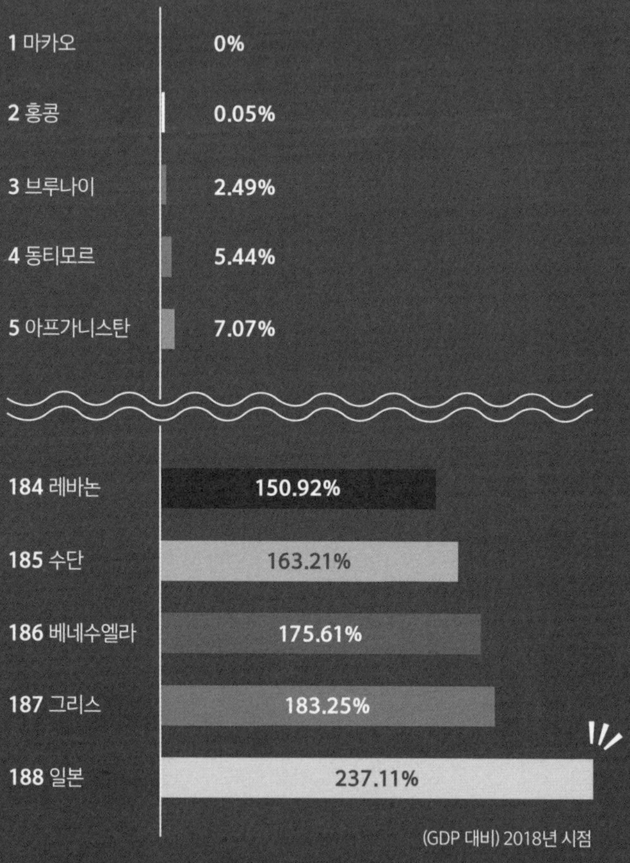

1 마카오	0%
2 홍콩	0.05%
3 브루나이	2.49%
4 동티모르	5.44%
5 아프가니스탄	7.07%
184 레바논	150.92%
185 수단	163.21%
186 베네수엘라	175.61%
187 그리스	183.25%
188 일본	237.11%

(GDP 대비) 2018년 시점

출처: IMF 〈World Economic Outlook Database〉

의료 및 간병, 연금 등의 사회보장비는 어느 정도까지 늘어날까요?

여기에도 여러 가지 추산이 있지만, 정부는 2019년도 1,240조 원이었던,

사회보장 관련 총지출액이 2040년에는 1,900조 원으로 확대될 것으로

예측합니다. 그중에서 특히 의료 및 간병 급여비는 지금의 2배 가까운 900조

원이 넘는 수준까지 치솟을 가능성이 지적되고 있습니다.

젊은 층의 인구가 증가하고 있으면 이러한 비용을 지탱할 수 있습니다. 하지만

아시다시피 일본은 인구감소 사회에 돌입하고 있습니다. 사회보장제도를

지탱하는 젊은 세대가 줄고 노인 세대가 늘어나고 있으니 점점 힘들어질 것은

분명합니다.

65세 이상 한 사람을 지탱하는 현역 세대는 1950년에는 12.1명이었지만,

2040년에는 1.5명으로 줄어들 예정입니다. 고령자 한 사람을 여러 명의 젊은

사람들이 보살피던 사회에서 이제는 고령자 한 사람을 한 명의 젊은 세대가

도맡아야 하는 사회로 바뀌고 있는 것입니다.

노인은 늘고
사회를 지탱하는 청년은
줄어든다

저출산 고령화가 더욱 심각해진 2040년의 세계는 상상만으로도 끔찍합니다.

2040년이면 단카이 세대*가 90세, 단카이 주니어 세대**가 65세가 됩니다.

특히, 단카이 주니어 세대의 40퍼센트가 집중된 수도권은 엄청난 수의

주민들이 고령화를 맞이합니다. 거리에서 눈에 띄는 것은 모두 노인일

것입니다.

---

* 1947에서 1949년 사이에 태어난 일본의 베이비 붐 세대로 1970년대와 1980년대 일본의 고
  도성장을 이끌어낸 세대이다.
** 1971에서 1974년 사이에 태어난 단카이 세대의 자녀 세대로 1991년 버블 붕괴를 직접 겪은
   세대이다.

인구감소 지역에서는 이미 현실이 되고 있는 고령자가 고령자를 돌보는
'노노부양老老相續'이 수도권에서도 현실이 됩니다. 도쿄도의 15세 미만
인구는 2019년에 11퍼센트였지만, 2040년 이후에는 10퍼센트 선이
무너집니다. 육아 지원에 힘을 쏟으려 해도, 대상이 되는 아이들이 점점
줄어드는 아이러니한 상태가 됩니다.

당연하지만 인구 변화는 가장 읽기 쉬운 미래입니다. 2040년의 노동인구는
이미 확정되어 있습니다. 10년 후에 출산율이 올라봤자, 2040년의
노동인구는 바뀌지 않습니다. 현재의 연장선에서 펼쳐지는 미래는 이러한
세계입니다.

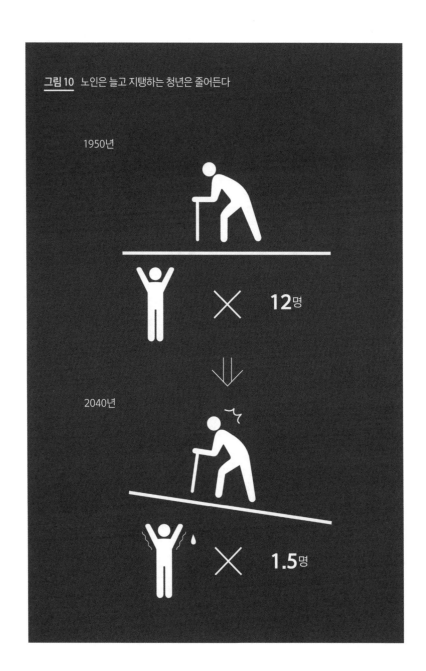

그림 10 노인은 늘고 지탱하는 청년은 줄어든다

1950년

× **12**명

2040년

× **1.5**명

국가의 재원은
사회보험료에서
충당할 수밖에 없다

일하는 사람의 수가 늘어나지 않으면, 소득세나 법인세 등의 세입이

자연스럽게 증가하는 것도 기대하기 어렵습니다. 그런 가운데 고령화로 인한

재정 지출은 늘어날 수밖에 없습니다.

'재정 지출은 늘어나지만, 재원 확보는 곤란하다' 이것이 2040년의 현실인

것입니다.

세입을 늘린다면, 우선 소비세율 인상이 될까요?

2019년 10월, 소비세율을 8퍼센트에서 10퍼센트로 인상한 아베 신조

전 총리는 향후 10년 동안 소비세를 재인상하지 않을 방침이라는 발표를 했습니다. 하지만 이 발언은 향후 증세 정책의 발목을 잡아 재정 상황을 더욱 악화시킬 수 있습니다.

전문가들은 지금 소비세율 인상을 미루면 2030년 이후 소비세율을 20퍼센트 이상 인상할 수밖에 없다고 지적하고 있습니다. 국제기구의 지적도 따끔합니다. OECD는 소비세를 최대 26퍼센트로 IMF는 단계적으로 15퍼센트까지 인상할 것을 일본 정부에 제안하고 있습니다.

소비세율을 인상하지 못한다면 사회보험료를 인상할 수밖에 없습니다. 사회보험료는 이미 상승세에 들어섰습니다. 급여명세서를 살펴보면, 임금의 상승보다 훨씬 빠른 속도로 사회보험료의 부담이 높아지고 있음을 확인할 수 있습니다.

10년 전에 비해 사회보험료 부담률은 1인당 26퍼센트 증가했지만, 임금은 3퍼센트밖에 인상되지 않았습니다. 이래서는 근로 의욕이 사라질 수밖에 없습니다. OECD 주요국 중 가뜩이나 낮은 생산성이 더 떨어질 가능성이 있는 것입니다. 부정적인 순환에 빠지면 경제성장은 둔화되고, 나라의 재정은 더욱 어려워집니다.

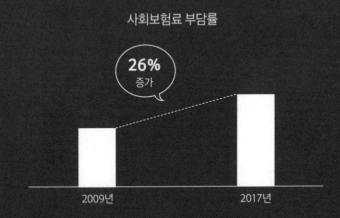

그림 11 사회보험료는 늘어나는데 임금은 늘지 않는다

사회보험료 부담률

임금 증가율

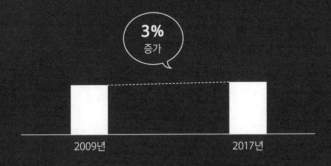

출처: 제3차 전 세대형 사회보장 검토회의 자료(2019년 11월)

2040년의 미래는 어두울 뿐이라고 생각하시는 분들이 많을 것입니다.

2장에서는 다가오는 미래에 여러분의 주머니 사정이 나빠지지 않기 위해 우리

개인은 무엇을 해야 하는지, 그리고 나라의 재정이 어떻게 하면 늘어날지에

대해 생각해 보고자 합니다.

모든 문제는
고령자가 늘어나기
때문이다

인구가 감소하고 있는 일본의 가장 큰 과제는 '노동력 부족'입니다. 이것은

1990년대 중반부터 이미 예견되었던 일입니다. 일할 수 있는 사람의

인구(생산연령인구)는 이미 1995년 정점을 찍고 감소세로 돌아섰기

때문입니다. 그러나 지금까지 문제가 되지 않았던 것은 총인구가 그 이후로도

2008년까지 증가했기 때문입니다.

생산연령인구가 정점을 찍은 이후에도 총인구가 계속 늘어난 이유는

고령자의 증가에 있습니다. 예전에는 의료나 영양 문제로 영아들이 많이

사망했지만, 앞으로는 계속 늘어나는 고령자가 많이 사망하는 사회가 됩니다. 당연히 의료 기술의 발달로 수명은 늘어나겠지만, 그만큼 만성질환을 가진 사람도 늘어나게 됩니다.

1950년생 남성의 경우 35퍼센트, 여성의 경우 60퍼센트가 90세까지 산다고 합니다. 1990년생의 경우, 65세까지 생존한 여성의 20퍼센트는 100세까지 산다는 조사도 있습니다. 의료 기술의 발달을 감안하면 이것도 적게 잡은 수치일 것입니다.

게다가 현재는 65세 이상 고령자 7명 중 1명이 치매로 알려졌지만, 기대수명의 증가로 인해 2035년에는 고령자 4명 중 1명이 치매라는 연구도 있습니다. 100세가 넘으면 반드시 치매가 온다는 말도 있듯이, 고령이 되면 치매가 찾아오는 것도 당연합니다. 이 또한 확실히 맞이할 미래입니다.

하지만 수도권과 지방은 대응해야 할 상황이 크게 다를 것이고, 같은 도쿄에서도 지역별로 차이가 날 것입니다. 예를 들어, 아리아케 지구에서 아직 개발이 진행되고 있는 코토구는 인구가 증가하고 있지만, 고도 경제성장 시대에 단카이 세대가 단지를 짓고 살기 시작한 타마시에서는 인구가 감소세로 돌아서고 있습니다.

2040년 당신은 어디에 살고 있을까요?

미래에는 자신이 사는 곳에 어느 연령대의 사람들이 모여 사는지를 생각하는

것이 중요하게 될 것입니다.

요양원은
이미
비싸다

고도 경제성장 시대에 단카이 세대가 자리 잡기 시작하여 대표적인 고령화

지역이 된 타마시의 2040년 의료비 추정을 살펴보겠습니다.

2040년 1인당 의료비는 2010년과 비교해 47퍼센트 증가할 것으로 추정하고

있습니다. 여기에는 진료수가의 개정(인상) 등이 포함되지 않았기 때문에

실제로는 70~80퍼센트 증가해도 이상하지 않다는 지적이 있습니다.

즉, 사회 전체의 고령화가 진행되고 연금소득밖에 수입이 없는 사람이

증가하는 가운데, 1인당 의료비는 1.5배 이상 증가하는 것입니다.

한편, 일하는 사람의 수는 계속 줄어듭니다.

현역 세대가 지금과 같은 사회보장제도 아래서 고령자 의료 서비스를 계속

뒷받침할 수 있을까요?

요양보호도 마찬가지입니다. 요양보호의 경우, 지금의 제도 아래서는 일을

하는 현역 세대에게 부담이 너무 커질 뿐 아니라, 요양보호제도 자체가 갈

길을 잃을 수 있습니다.

지금부터 2060년대까지 약 40년간, 고령자의 사망은 많아질 수밖에

없습니다. 단카이 세대의 사람들이 사망하고, 단카이 주니어 세대가

고령화되어 사망합니다. 당연히 사망하기 전까지 10년 정도는 요양보호가

필요할 것입니다.

한편, 미래의 가장 큰 과제인 만성적인 노동력 부족도 요양시설을

피해가지 못할 것입니다. 외국인 노동자에게 기대하는 목소리도 있지만,

동남아시아에서도 저출산 고령화는 느리지만 진행되고 있고, 2040년에는

외국인 노동자가 일하러 온다는 보장도 없습니다.

현재 수도권에 간호사가 상주하는 민간 요양시설은 월 350만 원 정도를

부담해야 합니다. 공공 요양시설이라고 해도 연금으로 부담할 수 있는

월 150만 원 정도의 시설은 수도권에서 찾을 수 없는 상황입니다.

공공 요양시설이라고 해도 경제적 여유가 없다면 들어갈 수 없는 것입니다.

요양시설에 들어갈 수 없는 사람은 가족이 자택에서 돌보게 됩니다. 이를

반영하듯 자택에서 사망하는 사람의 비율은 도쿄는 17.5퍼센트 오사카는

15.4퍼센트였습니다.[*]

자택에서의 부양도 요양보험으로 모든 것을 충당할 수 없기 때문에,

육체적으로나 금전적으로나 자기 부담이 커질 수밖에 없습니다.

특히 도시에서는 공동체의 도움도 부족하기 때문에 가족이 모든 것을

짊어지게 됩니다.

현재는 아슬아슬하게 서로 의지하고 견디고 있다는 표현이 딱 맞습니다.

그러나 2040년에는 이 모델도 버티지 못할 가능성이 높습니다.

왜냐하면 미혼율이 상승하고 있기 때문입니다.

2019년 기준 75세 이상 미혼자는 전국에 약 70만 명이지만, 2030년에는

약 140만 명으로 늘어나고, 2045년에는 약 250만 명이 된다고 합니다.

총인구는 줄어드는데도 미혼 인구는 지금의 3~4배가 되는 것입니다.

부양할 가족이 없는 저소득 독신자라면 고독사를 피할 수 없는 것입니다.

[*]   2016년 인구동태조사에 근거

미래의 의료비를
줄이는 것은
기술뿐이다

지금까지 무섭고 암울한 미래를 살펴보았지만, 그래도 희망은 있습니다.

많은 경제전망이 간과하고 있는 것이 기술의 진보입니다. 의료와 요양보호의

어두운 전망도 기존 기술의 연장선에서 미래를 예측하고 있기 때문입니다.

국가 전체의 의료비와 요양보호비를 줄이려면, 의료기관 이용 횟수를

줄이거나 제공하는 서비스에 투입되는 인력을 줄일 수밖에 없습니다.

이 문제를 해결하기 위해서는 기술을 최대한 활용해야 합니다.

1장에서 살펴보았듯이, 의료 분야는 인공지능과 유전자 치료의 도입으로

판도가 크게 달라질 것입니다. 요양보호도 로봇의 도입으로 노동력 부족을
해결하고 비용도 낮출 수 있습니다.

좀 더 구체적으로 말하면, 의료 분야는 환자의 건강 상태를 예측하는 유전자
검사의 정확도가 높아지고, 유전자 치료가 함께한다면 의료 현장에 혁신이
일어날 것입니다. 질병의 진행을 억제하고 건강한 고령자가 증가할 것입니다.
수명을 연장하거나 노화를 멈출 수도 있습니다. 그렇게 된다면 의료비는
저절로 줄어들 것입니다.

노동력 부족으로 고통받는 요양보호의 현장에도 로봇의 도입뿐만 아니라
다양한 기술을 접목한 서비스가 많이 나올 것입니다.

센서와 인공지능을 효과적으로 활용하면, 요양시설에 야간 당직 간호사가
없더라도 대처가 가능합니다. 요양보호 대상의 움직임을 데이터로 수집하고
분석하면, 간호사가 방문할 필요가 있는지를 바로 알 수 있기 때문입니다.
요양보호 대상의 목소리와 표정 등도 분석이 가능할 것입니다. 이러한 기술을
사용하여 오로지 사람에게 맡겨졌던 근로 방식이 바뀐다면, 인력 부담이 크게
줄어들게 됩니다.

70세까지 일한다면
지금과 같은
연금을 받을 수 있다

'노후 2억 원 문제'가 2019년 세상을 떠들썩하게 했던 것을 기억하는 사람들도 많을 것입니다. 금융청의 금융심의회가 2019년 5월 내놓은 보고서가 문제의 발단이었습니다.

"노후를 준비하려면 당장 2억 원이 더 필요한가?"하고 당황한 고령자 세대도 적지 않았지만, 이 문제는 언론의 자극적인 보도와 관련 기사를 마케팅에 활용한 금융회사 때문에 제대로 이해되지 않았을 뿐입니다.

해당 보고서는 총무성 조사에 근거하여 무직 고령자 부부 세대(남편 65세 이상, 아내 60세 이상)의 수입과 지출을 평균적인 숫자로 추산하고 있습니다.

보고서에 따르면 해당 세대는 연금으로 받는 돈보다 지출하는 돈이 더 많아

매달 적자를 기록해, 노후 20년 동안 1억 3,000만 원, 노후 30년 동안 2억

원의 돈이 부족하다고 합니다.

자세한 내역을 살펴보면, 주로 연금에 의지하는 월수입이 약 210만 원이고

지출이 약 260만 원이 될 것이라 예상하고 있습니다. 고령자 부부의 수입으로

210만 원이 많은지 적은지는 의견이 갈리겠지만, 수입 210만 원에 지출

260만 원으로 해당 세대는 매달 50만 원의 적자를 기록하게 됩니다.

어떻게 이러한 수치가 나왔는가 살펴보면, 같은 조사에서 무직 고령자 부부

세대의 금융자산 평균 금액이 2억 원 이상이라는 것에서 단서를 찾을 수

있습니다. 금융자산이란 예금, 적금, 주식, 펀드, 생명보험 등을 말하며,

일본의 경우 예적금이 압도적으로 많습니다.

일반적인 고령자 무직 가구라면 금융자산을 크게 늘리는 것은 어렵습니다.

월수입이 정해져 있는 이상, 감당할 수 있는 지출액과 적자액은 보유하는

자산에 의해 결정됩니다. 즉, '2억 원 부족'이라는 점만 부각되었지만, 정작

보고서는 "금융자산이 2억 원 정도 있으면 매달 55만 원 정도의 적자가

발생해도, 노후 30년간 무직으로 생계가 가능하다"라고 지적하고 있었을

. . . .

뿐입니다.

지출을 줄이거나 일하는 기간을 연장한다면 금융자산 2억 원은 필요하지

않습니다. 집이 있다면 집을 매각하고 조금 작은 집으로 이사를 할 수도

있습니다. 금융자산이 부족하면 보통 그 범위 안에서 살림을 꾸려나갈 것이기

때문에 건강하게 살아간다면 월 210만 원의 범위에서도 생활이 가능합니다.

문제는 연금입니다. 과연 미래에 지금처럼 월 200만 원 정도의 연금을 받을 수

있을까요?

일부 젊은 사람들은 "연금을 정말로 받을 수 있을까?"하고 비관하기도 하고,

"연금을 받을 수 없기 때문에 연금을 납입하고 싶지 않다"라고 생각하는

사람도 있을 것입니다.

이런 사람들에게 강조하고 싶은 것은 극단적인 주장일 수도 있지만, "연금을

못 받을 일은 없다"는 것입니다.

공적연금의 재원이 제로로 수렴하여 고갈되는 것은 상상하기 어렵습니다.

연금을 받을 수 없게 된다는 것은 일본이 멸망하는 것을 의미하기 때문입니다.

그러한 사태가 발생한다면, 연금 따위를 걱정할 상황이 아닙니다.

죽느냐 사느냐의 문제를 걱정해야 합니다.

결론부터 말하자면, 연금제도는 현재 상황에서 크게 바뀌지 않을 것입니다.

다만, 연금 수령액은 냉혹한 현실이 반영된다는 것이 정직한 표현일 것입니다.

일본에서는 현재 5년에 한 번씩 연금제도를 검증하고 있습니다. 여기서

공적연금의 재정이 건전한가, 미래의 전망은 어떠한가 등이 검증됩니다.

이때 '소득대체율'이라는 것이 계산됩니다.

'소득대체율'은 연금 수령액을 연금 가입 기간의 평균 소득으로 나눈 것으로,

연금 수령액이 기존 평균 소득의 몇 퍼센트가 되는지 나타내는 수치입니다.

2019년도의 소득대체율은 61.7퍼센트로 문제의 보고서에서 모델로 삼았던

고령자 부부라면 기존 평균 소득이었던 340만 원에 소득대체율 61.7퍼센트가

적용되어 연금으로 월 210만 원을 수령하는 것입니다.

공적연금의 미래 전망 시나리오는 총 6가지를 가정하고 있습니다.

그중에서 경제성장이 계속되고 고령자나 여성 등의 노동 참여가 늘어나는

가장 장밋빛 시나리오에서도 2040년의 소득대체율은 54.3퍼센트까지

떨어집니다. 그리고 경제성장이 멈추고 노동 참여도 늘어나지 않는 최악의

시나리오에서는 2052년의 소득대체율이 36퍼센트까지 떨어질 것으로

예측하고 있습니다.

그럼에도 이 시나리오들은 지나치게 긍정적입니다. 모든 시나리오에서 현역 세대의 실질임금이 늘어나는 것을 전제로 하고 있기 때문입니다. 참고로 가장 최근에 실질임금이 늘어난 것은 2016년이 마지막이었습니다.

그렇다면 우리가 지금 받는 연금 수준으로 연금을 수령하는 것은 불가능한 것일까요?

방법은 있습니다. 조금 더 오래 일하고 조금 더 늦게 연금을 받기 시작하면 지금 받는 연금만큼 연금을 받을 수 있습니다.

현행 제도에서는 연금 수령 시점을 1개월 앞당길 때마다 연금 수령액은 기준액에서 0.5퍼센트씩 줄어듭니다. 65세부터가 아니라 60세부터 연금을 수령한다면 연금액은 0.5퍼센트 × 60개월로 30퍼센트가 줄어들어 65세부터 수령할 연금의 70퍼센트 수준이 되는 것이죠.

반면, 70세까지 연금 수령을 늦춘다면 1개월마다 연금 수령액은 0.7퍼센트씩 늘어납니다. 70세부터 연금을 수령한다면 연금액은 0.7퍼센트 × 60개월로 65세 기준 연금 수령액의 142퍼센트 수준이 됩니다. 60세부터 연금을 수령할 것인가, 70세부터 연금을 수령할 것인가에 따라 연금 수령액은 두 배나

그림 12 받을 수 있는 연금은 얼마나 줄어들까?

소득대체율 감소

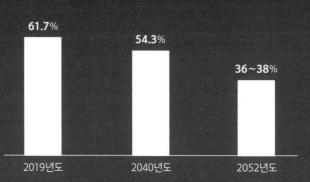

61.7%		
	54.3%	
		36~38%
2019년도	2040년도	2052년도

소득대체율이란?

$$\text{(현역 세대)} \times \text{O}\% = \text{연금액}$$

소득대체율

현역 세대의 남성 평균 월수입의 몇 퍼센트가 되는지에 대한 숫자

차이가 나게 됩니다.

정부는 재정의 건전화를 위해 연금 개시 연령의 상한선을 75세로 높일
계획입니다. 즉, 75세까지 일하고 나서 연금을 수령하기 시작하면
소득대체율이 100퍼센트를 넘기는 것도 계산상 가능합니다. 소득대체율이
100퍼센트가 넘는다는 것은 기존 평균 소득 이상으로 연금을 받을 수 있다는
이야기입니다.

그럼 구체적으로 어느 정도 늦추는 것이 좋을까요?
경제성장률이 제자리 걸음이라고 가정하면 30세인 사람은 68세 4개월,
40세인 사람은 67세 2개월까지 일하며 국민연금을 납부하면, 지금과 같은
수준의 연금을 받을 수 있게 됩니다.

"인생 100세 시대라고 하더니, 정말 70세까지 일해야 하는 거야"라는 개탄의
목소리가 나오겠지만, 정부의 시나리오에는 미래에 70세까지 일하는 것을
이미 전제로 하고 있습니다.
이 또한 경제성장과 여성 등의 노동 참여를 긍정적으로 바라보는
시나리오이지만, 65세부터 69세 사이의 사람들이 어느 정도 일을 하고

있는지를 살펴보면 현재 56.1퍼센트에서 2040년에는 71.6퍼센트로

15.5퍼센트포인트 늘어나는 것으로 예측하고 있습니다. 특히 여성은 현재

35.0퍼센트에서 54.1퍼센트로 19.1퍼센트포인트나 일하는 사람의 수가

늘어납니다.

즉, 남성의 70퍼센트, 여성의 50퍼센트 이상이 70세까지 계속 일하지 않는 한,

많은 사람들이 최소한으로 만족하는 연금제도는 유지될 수 없다는 것입니다.

연금은 받을 수 있습니다. 하지만 우리는 70세까지 일을 해야 합니다.

이것이 2040년 연금제도의 현실입니다.

연금의
구조를
알아보자

지금까지 연금에 대해 설명했지만, 연금이 어떤 구조로 작동하는지 안다면

이해가 더 빠를 수 있습니다.

그럼, 연금이 어떻게 설계되었는지 알아보도록 하겠습니다.

우선 연금은 사회보장제도 중 하나입니다. 사회보장에는 연금 이외에도

의료보험, 고용보험, 요양보험, 산재보험 등의 사회보험이 포함됩니다. 또한

아동수당, 생활보호수당, 사회복지, 공중위생 또한 사회보장에 포함됩니다.

즉, 국민으로부터 모은 돈을 국가가 사회를 위해 쓰임을 결정하고 돈을

지출함으로써 국민에게 최소한의 생활 수준을 보장하는 것입니다. 일반적인

보험과 마찬가지로, 다수로부터 돈을 모으고 그것을 곤란한 사람에게

돌려줌으로써 국민의 생활을 안정시키기 위한 것입니다.

사회보장제도 설계의 토대가 되는 것은 미래의 인구입니다. 그리고

경제성장률이나 물가상승률, 임금상승률 등을 예측하여 사회보장을 위한

비용을 결정하고 있습니다.

현재 연금을 비롯한 사회보장제도들이 위태로워진 가장 큰 이유는 역시

'예상하지 못한 고령화'입니다. 경제성장률은 둔화되고 있지만 장수하는

사람들은 늘어나고 있기 때문에 사회보장제도의 재원이 고갈되는 것입니다.

일본에서 사회보장을 위한 연금과 보험이 시작된 것은 1961년이었습니다.

당시 일본의 고령자 비율은 약 6퍼센트였지만, 현재의 고령자 비율은

30퍼센트에 육박하고 있습니다. 그리고 고령자의 수는 앞으로도 계속 늘어날

것입니다.

이러한 고령자의 증가와 함께 사회보장제도에서 국민에게 지급되는 금액

역시 늘어나고 있습니다. 1970년 35조 원 규모였던 것이 1990년에

474조 원, 2000년에 784조 원 그리고 현재는 1,200조 원 규모로 급격히

증가하고 있습니다.

인구의 구성비율 변화에 맞춰 땜질 처방으로 제도를 수정해오고 있지만,

제도의 근간은 바뀌지 않았습니다. 반세기가 넘는 시간이 지났음에도

불구하고 당시의 설계를 근간으로 사회보장제도를 운용하고 있기 때문에,

"사회보장제도는 파탄난다"라고 말하고 싶어지는 마음도 모르지 않습니다.

연금은
국가에서 당연히 받는
돈이 아니다

여기서 중요한 것은 연금, 의료, 요양 이 세 가지는 기본적으로 세금이 아닌

'보험'으로 운용되는 것이 원칙이라는 점입니다. 따라서 보험료를 통해 운용

자금의 대부분을 충당하고 있습니다.

건강보험이 건강한 사람의 돈으로 아픈 사람을 보장해주는 구조인 것과

마찬가지로, 연금은 일찍 사망한 사람의 보험료를 장수하는 사람에게

지급하여 노후를 보장하는 제도입니다. 혹시 병에 걸릴지도 모르는 경우를

위해 건강보험료를 내듯이 퇴직 이후 장수할 경우를 대비하여 연금보험료를

내는 것입니다.

그렇다고 운용 자금의 전부를 보험료로 충당하는 것은 아닙니다.

일부 저소득층의 경우 보험료를 지불할 수 없으므로 저소득층이 의료보험과

국민연금의 혜택을 받을 수 있도록 국가에서 세금으로 보조하고 있습니다.

그 세금을 소비세로 할 것인지 소득세로 할 것인지 등의 의견은 나뉘지만,

어쨌든 국민연금이나 의료보험은 보험료를 지불해야만 혜택을 받을 수

있다는 전제가 있습니다.

즉, 국민연금은 고령자가 되었다고 국가로부터 당연하게 받는 돈이 아닙니다.

의료보험이 보험인 것은 많은 사람들이 알고 있지만 국민연금 또한

마찬가지입니다.

공적연금은 '부과방식賦課方式'으로 운영되고 있습니다. 부과방식이란 현재

지급하는 고령자의 연금을 현역 세대로부터 징수한 보험료로 충당하는

구조를 말합니다. 그리고 보험료를 계속 납부한 사람들이 고령자가 되었을

때는 그다음 현역 세대의 보험료로 연금을 받는 구조입니다. 현재 전 세계

대다수의 국가에서 공적연금을 부과방식으로 운용하고 있습니다.

결과적으로 보험료를 지불하는 사람이 많고 평균수명이 짧았던 시대에 비해,

보험료를 지불하는 사람이 줄고 평균수명이 길어지면 연금 수령액은 줄어들

수밖에 없습니다. 이것은 연금의 구조 때문입니다. 연금 수령액이 줄어들거나

연금 개시 연령이 늘어나는 것도 장수하는 사람이 늘어나기 때문에 보험의

본질을 감안하면 당연한 것입니다.

분노를 느끼는 사람도 있을지 모르지만, 애초에 제도 설계 자체가 이렇게까지

평균수명이 늘어날 것을 전제로 하지 못했기 때문에 어쩔 수 없습니다.

앞서 설명했듯이 경제성장률이나 인구 구성에 따라 받을 수 있는 연금

수령액은 바뀝니다. 현역 세대의 인구가 줄어도 높은 경제성장률이 계속되어

현역 세대의 급여가 늘어난다면, 연금은 줄지 않을지도 모릅니다. 경제성장이

제자리라도 연금 수령액은 줄어들지만 조정이 가능하기 때문에 파탄이

나지는 않습니다.

앞으로 의료보험이나 연금의 보장을 두텁게 하는 것을 원한다면 보험료는

비싸지고, 보험료의 부담을 줄이고 싶다면 보장은 줄어듭니다. 구조는 매우

간단하지만, 국민 모두의 연금이라는 원칙 아래에 부양가족이나 저소득층의

경우 보험료가 면제되거나 유예될 수 있습니다. 이렇게 면제 및 유예 제도를

확충해나간 결과, 현재 총 가입자의 약 20퍼센트 정도는 보험료를 납부하지

않는 상태가 되고 있습니다.

보험의 원리로 보면, 이러한 사람들의 보험료는 다른 가입자의 보험료로 충당됩니다. 그리고 부족한 부분을 채울 수 없다면 세금이 투입되는 것이 연금의 구조입니다.

그럼에도 불구하고 희소식은 있습니다.

면제나 유예와는 별도로 보험료의 미납 및 징수 누락이 의외로 많다는 점입니다. 미납액이 50조 원, 100조 원이라는 지적이 있어, 국회에서도 논쟁의 대상이 되었는데요. 미납 보험료를 50조 원이라고 가정하고 이를 징수할 수 있다면 이는 소비세율을 2퍼센트 올린 것과 같은 효과가 있으며, 100조 원이라면 소비세율 4퍼센트에 해당한다고 지적하는 전문가들도 있습니다. 정말 바보 같은 숫자입니다.

이것은 단지 사회보장제도에 관련 기술을 활용하지 않았기 때문입니다. 애초에 징수 누락된 금액이 불투명하고 정확하지 않은 시점부터 이상합니다. 국가의 사회보장을 준비함에 있어 보험료나 세금의 인상 전에 해야 할 일이 쌓여 있습니다. 보험료를 제대로 징수하기 위한 구조를 정비하는 것만으로도 큰 보탬이 될 것입니다.

왜
보험료 징수 누락이
많을까?

앞서 보험료의 징수 누락이 의외로 많다고 언급했습니다.

왜 그렇게 징수 누락이 많을까요? 그것은 세금 징수와 사회보험료 징수를

별도의 조직에서 관리하고 있기 때문입니다. 세금은 국세청에서

사회보험료는 연금기구에서 징수를 담당하고 있습니다.

연금기구는 2010년 기존의 사회보험청이 폐지되며 만들어진 것으로

후생노동성에서 위임을 받아 사회보험료를 징수하는 조직입니다.

이렇게 별도의 조직에서 세금과 사회보험료를 별로로 징수하기 때문에

업무는 매우 비효율적으로 운영되고 있습니다. 국세청은 회사의 세무조사를

실시할 때, 장부를 보면 법인세뿐만 아니라 직원들의 급여에서 공제한

사회보험료가 잘 납부되고 있는지를 알 수 있습니다. 하지만 자신들의 관할이

아니기 때문에 세무조사에 들어간 국세청 직원이 사회보험료의 미납을

발견해도 연금기구와 협업하는 경우는 드뭅니다. 부처 간의 업무 분장이

행정의 폐해로 나타나는 것입니다.

마찬가지로 연금기구도 사회보험료가 잘 납부되고 있는지 원천징수세를

조사하고 있기 때문에 두 기관에서는 거의 동일한 업무를 수행하게 됩니다.

이들 기관의 업무를 단일화하면 세금이나 사회보험료를 효율적으로 징수할

수 있고, 인건비 또한 크게 줄일 수 있습니다.

모두가 그렇게 생각하기 때문에 선진국뿐만 아니라 구공산권에서도 이러한

두 가지 기능은 '세입청'으로 단일화하는 것이 상식입니다.

일본에서도 세입청 설립 구상이 떠오른 적이 있지만, 실현되지 않고 있습니다.

재무성 전직 관료 등에 의하면, 원인은 부처 간의 이권 다툼 때문이라는

지적이 있습니다.

현재 국세청은 재무성 소속의 기관입니다. 그러나 연금기구와 통합되어

그림13 다른 조직에서 징수하므로 미납을 발견하기 어렵다

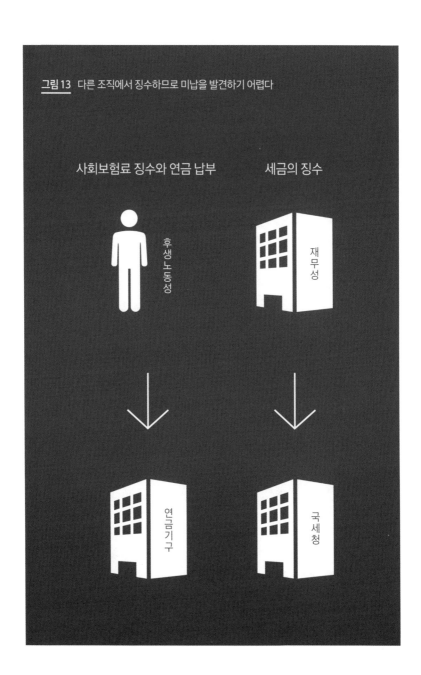

세입청이 설립되면 내각부의 관할이 될 가능성이 높습니다. 그렇게 되면 재무성은 국세청에 대한 인사권, 즉 기득권을 잃게 되는 것입니다. 재무성이 징수 누락의 해결보다 소비세율 인상에 의한 사회보장의 확충을 큰 목소리로 외치는 것에는 이러한 배경이 있습니다.

두 부처 간의 이권 다툼이 있다고 해도, 엄청나게 불어나는 사회보장비를 생각한다면 해당 부처의 반대에도 세입청의 설립은 밀어붙여야 하는 구상이 아닐까요?

왜
빠른 경제대책을
내놓지 못할까?

행정 절차의 비효율은 세금과 보험료만의 문제가 아닙니다. 이번 코로나

사태에서 발 빠른 경제대책을 내놓지 못한 이유 중 하나이기도 하지요.

의외의 일인지도 모르지만, 세금을 징수하는 국세청은 개인의 급여소득을

비롯하여 다양한 소득 정보를 살펴보지만 관리하지는 않습니다. 이것은 다른

부처의 관할입니다. 과세할 때 개인의 소득 정보는 알 수 있지만, 소득 정보는

국세청에서 지자체로 제공되어 지자체에서 관리하고 있습니다.

이번에 발생한 코로나 팬데믹 관련 경제대책으로 나온 현금 지급을 각

지자체에서 사무를 맡아 지급했던 것을 기억할 것입니다. 또한 소득증명서와 같은 서류들도 국세청이 아닌 지자체에서 발급하고 있습니다.

즉, 국세청은 '세금을 받는 곳'이고 지자체는 '개인 소득이나 재산 등의 정보를 수집해 세금을 부과하고 필요에 따라서는 지급하는 곳'이라고 하는 역할 분담이 되어 있는 것입니다. 따라서 긴급상황에서도 전국 공통 기준에 의한 신속한 대응이 어려워지는 것입니다.

외국과 비교하면 더욱 이해하기 쉽습니다. 코로나 관련 대책으로 미국에서의 현금 지급은 소득에 따라 차등 지급되었습니다. 개인의 소득이 7만 5,000달러까지 일률적으로 1,200달러가 지급되었고, 7만 5,000달러를 초과하면 지급액은 단계적으로 줄어 소득 9만 9,000달러부터는 현금이 지급되지 않았습니다. 부부 합산으로 신고하는 경우, 소득 제한은 개인의 2배로 늘어나고 부양하는 자녀 한 사람당 500달러가 가산되었습니다.

현금 지급은 미국의 납세자 번호인 사회보장번호를 신고한 사람에게만 지급되었습니다. 사회보장번호는 은행 계좌와 연결되어 있기 때문에 2주 안에 현금 입금을 확인할 수 있었습니다. 반면 일본에서는 지자체가 개인의 주소와 계좌를 하나하나 확인하면서 시간이 하염없이 늦춰질 수밖에 없었습니다.

미국이 같은 금액을 일괄로 지급한 일본보다 세세한 기준을 마련하고도 신속하게 대응할 수 있었던 것은 세입청이 모든 것을 총괄하고 개인정보까지 파악하고 있었기 때문입니다. 이러한 시스템이 구축되어 있으면 위기 시에 대응도 빠르고 누락도 없어질 수 있습니다.

직장인들이
세금을 가장 많이
내고 있다

일본에는 '토고산(10·5·3)'이라는 말이 있습니다. 세금의 포착률을 나타내는

말로 급여소득자는 10할, 자영업자는 5할, 농림수산업자는 3할의 세금이

포착된다는 뜻으로 쓰입니다.

직장인을 비롯한 급여소득자는 월급에서 원천징수로 세금을 징수하기 때문에

포착률이 거의 100퍼센트입니다. 그렇지만 자영업자나 농림수산업자들은

경비 처리를 애매하게 신고하는 사람도 적지 않고, 세무서도 모든 경비를

꼼꼼히 체크할 여유가 없는 실정이기 때문에 실제 소득에 대한 세금 포착률이

각각 50퍼센트, 30퍼센트에 그친다고 합니다.

이러한 상황을 타파하기 위해 일본 정부에서는 마이넘버제도를 시행하고

있습니다.

마이넘버카드를 발급받으면 국민 한 사람 한 사람에게 번호가 할당되고

개인의 소득이나 연금, 납세 등의 정보를 마이넘버에 연결해 관리하는

제도입니다. 마이넘버제도는 2016년 1월에 시작되었지만 마이넘버카드의

보급률은 2020년 4월 1일 시점에서 16.0퍼센트에 머무르고 있습니다.

지금까지 보급은 지지부진했지만 코로나 지원금을 받기 위해 뒤늦게 신청이

증가하고 있는 상황입니다. 다만 코로나 지원금을 계기로 마이넘버와

은행 계좌의 연결 논쟁이 급부상하고 있습니다. 마이넘버와 은행 계좌가

연결되면 돈의 흐름이 가시화되어 실제 소득을 포착하기 쉬워집니다. 따라서

마이넘버가 보급되면 수십조 원의 증세로 이어질 가능성이 높습니다.

마이넘버와 관련하여 개인정보 유출을 우려하는 사람들도 있지만, 성실하게

세금을 납부하는 사람들을 바보로 보는 것도 현실이 아닐까요?

정부 부처마다 제각각으로 관리하는 것들은 그 밖에도 많이 있습니다. 연금의

기초연금번호나 요양보험의 피보험자번호, 지자체에서 사무에 활용하는

수신자번호 등이 있습니다. 마이넘버를 사용하면 소득세의 포착뿐만 아니라

이들을 하나로 통합할 수 있어 행정의 효율이 높아질 것으로 기대하고

있습니다.

여기서 중요한 것은 세금 및 사회보험료 인상 전에 과세의 형평성을 담보할 수

있는 구조를 마련하는 것이 필수적이라는 것입니다.

기본소득은
실현될 수
있을까?

기본소득은 코로나 사태 이전부터 핀란드 등에서 실험이 이루어져 왔습니다.

하지만 코로나의 확산으로 실업과 경제불황이 세계적인 문제가 되자

스페인과 브라질에서도 기본소득의 실험이 시작되었고, 영국의 보리스 존슨

총리와 프란치스코 교황까지 기본소득의 필요성을 호소하며 점점 호응을

얻고 있는 상황입니다.

기본소득이란 간단히 설명하면 정기적으로 모든 국민에게 일정 금액을

나눠주는 제도입니다. 일본에서 기본소득이 도입되기 위해서는 마이넘버로

소득세나 사회보험료가 제대로 포착되고, 세입청에 의해 사회보험료의 징수

누락이 없어지는 것 같은 체제의 정비가 필요하지만, 이것만 가능하다면

진지하게 생각해 볼 가치가 있다고 생각합니다.

기본소득은 분산되어 있는 사회보장제도의 현금 혜택을 일원화하여 국민에게

최저소득을 보장하는 구조입니다. 코로나 사태로 생활에 곤란을 겪는 사람이

적지 않았지만, 현금 혜택을 결정하기까지는 시간이 많이 소요되었습니다.

특히 각국이 현금 지급을 시작하는 동안, 왜 일본은 이렇게 늦을까 하고

생각하는 사람도 있었을 것입니다. 또는 액수는 적어도 좋으니 빨리 달라는

사람도 많았습니다.

처음에는 코로나로 인해 생활이 곤란해진 사람에게 300만 원을 지급한다는

방안이었습니다. 하지만 최종적으로는 모두에게 1인당 100만 원 지급이

결정되었고, 100만 원 지급이 결정된 이후에도 관공서의 행정 문제로 지급에

혼란을 초래했습니다.

애당초 일본은 사회보장에 대한 생각을 땜질식으로 해왔기 때문에 이 같은

상황이 발생한 것은 당연했습니다.

지금의 사회는 비정규직이 확대되는 등 취업환경이 불안정한 사람이 늘고 있습니다. 비정규직은 정규직에 비해 법적으로 해고가 쉽고 경기가 나빠지면 가장 먼저 위기에 직면합니다. **사회 전체적으로 보호받지 못하고 순식간에 위기에 처할 수 있는 계층이 두터워지고 있는 것입니다.**

한편, 지금까지의 사회보장제도는 '일할 수 있는 사람'의 사회보장과 '일하지 못하고 보험료를 낼 수 없는 사람'의 사회보장으로 나누어 관리하고 있었습니다. 여기서 비정규직은 이도 저도 아닌 사회보장제도의 사각지대에 위치한 존재라고 해도 과언이 아닐 것입니다.

하지만 이번 코로나 위기로 정부도 여러 유형의 곤란한 사람이 많다는 것을 깨달았을 것입니다. 몸이 약해 목숨을 잃을 우려가 있는 사람, 삶의 목표가 없는 사람, 혼자 사는 고령자 등 다양한 사람들을 돕기 위해서는 사회보장제도 전체를 개선해 나가는 것이 매우 중요하다는 것을 깨달았을 것입니다.

유감스럽게도 코로나와 같은 바이러스의 위험은 앞으로도 계속될 것입니다. 게다가 일본은 자연재해라는 위험이 항상 함께하고 있습니다. 누구라도 어제까지의 일상이 무너질지 모르는 것입니다. 위험에 직면하는 상황은 점점 다양해지고 있는데, 지금까지의 획일적인 사회보장제도는 맞지 않습니다.

그러한 의미에서 행정의 번거로움을 최소화하고 모두에게 현금을 지원하는

기본소득은 새로운 방안이 될 수 있습니다.

기본소득은 2040년을 준비하는 우리가 반드시 논의해야 할 정책일 것입니다.

기본소득을 실행하기 위해서는 재원 문제가 가장 큰 논란이 될 것입니다.

100만 원의 현금 지원을 망설인 것도 현금 지급에 필요한 약 120조 원의

예산이 부담되었기 때문입니다.

물론 세부적인 검토는 필요하겠지만, 현재의 사회복지 지원금을

기본소득으로 통합한다면 재원이 충분하다는 지적도 있습니다.

국민에게 일률적으로 지급하는 것이기 때문에 행정 비용도 대폭 절감할 수

있을 것입니다. 지급 대상을 분류하기 위해 세대나 개인을 조사할 필요도

없고, 지불 창구도 단일화할 수 있기 때문입니다.

새로운 경제학 이론이
구세주가 될지도
모른다

혹시, MMTModern Monetary Theory(현대화폐이론)라는 말을 들어본 적이

있으신가요? MMT는 최근 주목받고 있는 경제학 이론 중 하나입니다.

MMT를 간단하게 설명하면, 자국 화폐를 발행할 수 있는 나라는 재정적자로

인해 파산할 수 없다는 이론입니다. 이를 잘 도입한다면 기본소득의 재원은

걱정할 필요가 없을지도 모릅니다.

코로나 사태 와중에 재정 악화를 초래할 수 있으니까 경기 부양책으로 현금

지급을 삼가라는 주장이 있었습니다. 하지만 개인과 소상공인들이 죽느냐

사느냐 하는 상황에서 이러한 발언에 위화감을 느낀 사람도 적지 않았습니다. 그러나 코로나로 인한 경제위기가 지속되자 MMT가 새로운 희망으로 주목받기 시작했습니다.

MMT에 의하면 통화를 스스로 발행할 수 있는 나라는 재정적자에 신경 쓰지 않고 경제대책을 마련해야 한다고 합니다. 극단적인 주장이지만 무제한으로 돈을 찍어내도 문제가 없다는 것이 MMT의 요지입니다.

당연히 무제한으로 돈을 찍어내면 하이퍼인플레이션이 온다는 반론도 있습니다. 하이퍼인플레이션이란 매우 짧은 기간에 물가가 상승하는 것을 말합니다. 정의는 다양하지만, 간단하게 말해서 오늘 1,000원으로 살 수 있었던 빵이 다음 달에는 1,500원이 되고, 3개월 후에는 3,500원이 되는 세계입니다.

21세기에 들어 가장 유명한 하이퍼인플레이션의 사례로는 아프리카 짐바브웨의 사례를 들 수 있습니다. 2008년 11월 짐바브웨에서는 전월 대비 79,600,000,000퍼센트라는 숫자를 계산하기 어려울 정도의 인플레이션이 발생하기도 했습니다.

이에 대해 MMT를 주장하는 사람들의 반론은 역사적으로 봤을 때,

하이퍼인플레이션과 재정적자 정책과의 인과관계가 없다는 것입니다.

하이퍼인플레이션은 전쟁 등의 이상 사태로 생산체제가 붕괴하거나

공급능력이 제약된 것이 원인이라는 것이죠. 짐바브웨의 인플레이션도

독재정권의 농지개혁으로 식량 생산체제가 붕괴한 것이 가장 큰

원인이었습니다.

즉, 국가가 비정상적인 상태에 빠지지 않는다면 재정적자가 확대되더라도

자국 통화를 발행하는 한 인플레이션은 통제가 가능하다는 것입니다.

실제로 인플레이션이 발생했을 때 제어가 가능한지에 대한 재반론도 있을

것입니다. 그러나 이러한 논의가 주목을 받는 것은 현재 상황을 기존의 경제학

이론으로 해결하지 못하기 때문입니다.

재정적자가 확대되면 국채 가격이 폭락하고 통화가치가 하락하여

인플레이션이 발생한다는 것이 기존의 경제학 이론입니다.

그러나 일본은 어떤가요? 재정적자는 계속 확대되고 있지만, 금리는 여전히

낮고 물가도 안정되어 인플레이션은커녕 디플레이션을 우려하는 상황입니다.

인플레이션은 전혀 발생하지 않고 있습니다.

다시 말해 디플레이션에서 벗어나기 위해 정부는 국채를 대량으로 발행하여

자금을 공급하고 있지만, 인플레이션은 발생할 기미도 보이지 않고 있습니다. **해외에서는 '일본이 MMT의 성공 사례'라는 평가마저 있는 상황입니다.** 일본이 의도치 않게 MMT를 실천하고 있다는 전문가도 있습니다. 그만큼 MMT를 받아들일 수 있는 토양이 갖춰져 있다고 볼 수 있습니다.

MMT가 다소 거친 주장이긴 하지만 검토해볼 여지는 충분하지 않을까요?

고령자는
늘어나고
GDP는 줄어든다

지금까지 책을 읽은 독자라면, 인구가 늘지 않는 나라의 미래가 캄캄하다는

것을 이해하셨을 것입니다.

일본의 인구는 2008년 정점을 기록했다는 것을 앞에서 말씀드렸습니다.

정부가 발행한 《고령사회백서》에 따르면 2045년에는 인구가 1억 1,000만

명 아래로 떨어지고, 2055년에는 1억 명 선이 무너지는 것으로 예측됩니다.

그리고 2100년에는 현재 인구의 절반 이하인 6,000만 명 정도로 인구가

감소할 것으로 보고 있습니다.

더욱 두려운 것은 고령자의 비율입니다. 65세 이상의 고령자가 2035년에는 거의 3명 중 1명(32.8퍼센트), 2065년에는 2.6명 중 1명(38.4퍼센트)으로 고령자 비율이 증가합니다.

신생아가 계속 줄어드는 것은 변하지 않고 지속되지만, 의료 분야의 발달과 식생활의 개선 등으로 사망하는 사람들은 줄어들기 때문에 고령자 비율은 점점 늘어날 뿐입니다.

이 숫자는 정부에서도 예상 밖이었다고 합니다. 1980년 인구추계에서는 고령자가 아무리 많이 늘어나도 약 2,500만 명 정도일 것으로 예상했지만, 최근의 인구추계에서는 2040년 전후로 고령자 인구가 4,000만 명이 넘을 것이라고 추산하고 있습니다.

일하는 사람은 줄어들고, 코앞의 경제상황도 성장을 기대할 수 없습니다. 미래에 대한 걱정이 늘어날 수밖에 없는 현실입니다. 실제로 일본 경제의 미래에 대해서는 국내외에서 여러 예측이 나오고 있지만, 비관적인 전망이 대부분입니다.

일본 경제는 향후 40년간 GDP가 25퍼센트 이상 감소할 것이라는 분석도 있습니다.* 숫자만 들으면 믿을 수 없겠지만, 전혀 이상한 이야기는 아닙니다. GDP를 달리 말하면, 전체 급여의 총합으로 볼 수 있습니다. 따라서 인구가 줄어들면 당연히 GDP는 감소합니다. 인구가 25퍼센트 줄어들면 전체 급여의 25퍼센트가 사라진다고 보면 됩니다.

앞으로 40년간 GDP가 25퍼센트 감소한다는 것은 연율로 따지면 연 0.7퍼센트밖에 감소하지 않은 것입니다. 하지만 인구는 더 빠른 속도로 줄어들고 있습니다.

다만 이 전제에는 큰 결함이 있습니다. 현명한 독자라면 이미 눈치챘을 테지만 의료비 이야기에서 지적했듯이, 기술의 발전을 전혀 감안하지 않았다는 것입니다.

향후 40년간 기술 혁신은커녕 기술의 발전이 전혀 일어나지 않는다면, IMF의 예측이 현실이 될 수도 있을 것입니다. 하지만 저는 무리한 예측이라고 생각합니다. IMF가 전망한 연 0.7퍼센트 정도의 GDP 감소는 기술의 발전과 활용으로 충분히 보충할 수 있는 범위라고 생각하기 때문입니다.

* 2018년 11월 IMF 리포트

그러나 거시적으로는 저출산 고령화로 인한 GDP의 감소를 기술의 발전으로 보완할 수 있다고 하더라도, 미시적으로 보면 저출산 고령화로 인해 버틸 수 없는 분야와 산업은 다방면에 걸쳐 나온다는 것 또한 의심할 여지가 없을 것입니다.

인공지능에 의해 인간이 일자리를 빼앗긴다고 자주 말하지만, 인공지능에 의하지 않고도 인구감소는 당신의 일자리를 빼앗아 버릴지도 모릅니다.

특히, 지방의 경우에는 타격이 더욱 클 것입니다.

지방은행은
이미
존재가 위태롭다

우선 지방자치단체에 영향이 있을 것입니다. 이미 재정난을 겪고 있는

지자체도 적지 않지만 인구감소는 재정난 문제에 기름을 붓는 격일 것입니다.

현재 지방은 대규모 고용을 창출하는 제조업 공장 등이 외국으로 이전하고,

그 자리를 메울 새로운 기업을 유치하는 것도 여의치 않은 상황입니다. 그렇게

되면 지방세 수입은 줄어들고, 더불어 지방교부세도 감소하게 됩니다.

지방교부세란 국가가 지방자치단체에 나눠주는 돈입니다. 국가가 국민과

기업으로부터 세금을 징수하고, 그 세금을 국가가 필요하다고 판단하는

공공서비스를 제공할 수 있도록 각 지자체에 다시 배분하는 것입니다.

다만 중앙정부 차원의 재정 문제도 있고 배분의 재검토도 진행될 가능성이 높기 때문에 그동안 지방교부세를 필요로 하는 지자체의 재정 악화는 멈추지 않습니다.

수년 전부터 인구감소로 많은 지자체가 소멸할 가능성이 있다고 지적되었지만, 2040년에는 '지방 소멸'이 가능성이 아닌 현실이 됩니다.

도로와 도서관, 미술관 등 공공 인프라의 민영화와 운영 위탁이 지난 10년 동안 급격히 진행되고 있습니다. 어째서일까요?

이전에는 공공시설을 민영화하는 것에 대해 현장의 반발이 심했습니다. 하지만 베이비붐 세대가 퇴직하는 한편, 저출산과 인구감소로 지자체에는 젊은 인력도 재정적 여유도 부족한 상태입니다. 그러한 가운데서도 노후화된 공공시설의 설비는 보수유지와 함께 새롭게 고쳐야 합니다. 사람도 돈도 부족한 상황에서 민간에 운영을 맡기려는 움직임은 점점 커질 수밖에 없습니다.

공공시설을 민간이 효율적이고 질 좋은 서비스로 운영하는 사례가 늘어나면, 지자체의 역할도 자연스럽게 변화를 요구받게 됩니다. 미래에는 공무원도 안심할 수 없는 시대가 될 것이 틀림없습니다.

지방 소멸의 위기는 지방의 주요 기업에도 그림자를 드리울 것입니다.

20년 전만 해도 상경했던 대학생들이 지방으로 돌아와 취직할 때 인기였던 곳이 '지자체'와 '은행'이었습니다. 둘 다 '절대 망하지 않는다'는 믿음이 있었기 때문입니다.

그러나 상황은 크게 변하고 있습니다. 앞서 지자체 공무원을 둘러싼 환경의 변화에 대해서 언급했지만, 지방은행은 이미 존속 자체가 위태로운 상황입니다.

금융청이 2018년 내놓은 보고서에는 지방은행과 관련된 충격적인 내용을 담고 있습니다.

도호쿠와 시코쿠를 포함한 23개 현의 지방은행은 지역에서 아무리 독점적인 위치를 차지하고 있더라도, 인구감소가 계속되는 한 채산이 맞지 않는 구조는 변하지 않는다고 지적한 것입니다.

즉, 근본적인 비즈니스 모델 자체가 불가능하다고 판단한 것입니다. 점포와 인력을 줄이는 구조조정을 하더라도 시간을 버는 것에 불과하다는 것입니다.

금융청은 은행을 감독하는 기관입니다. 이는 마치 프로스포츠 구단의 감독이 선수에게 "너는 재기가 불가능할 것 같다"라고 말하는 것과 같습니다.

2040년
교육 분야는
험난하다

2040년 지방만큼이나 어려울 것으로 예상되는 곳이 교육 관련 산업입니다.

학교와 학원을 포함한 교육 관련 산업은 약 350만 명이 종사하는 거대

산업이지만 교육 분야의 미래는 혹독할 것입니다.

일본의 대학교는 학생의 수가 계속 줄어드는데도 불구하고 계속 증가하여,

현재 782개의 대학교가 있습니다. 1989년 499개였던 대학교가 약 300개

정도 증가했으니, 1년에 10개의 대학교가 새로 생겨난 셈입니다.

이것은 너무나도 비정상적인 상황입니다.

왜 이렇게 대학교가 늘어났을까요?

그것은 아마 "대학교 정도는 나와야 한다"는 사회적 압력이 문화로 자리

잡았기 때문이라는 견해가 일반적입니다.

실제로 대학 진학률은 1994년에는 30.1퍼센트였지만 2004년 42.2퍼센트,

2014년 51.5퍼센트, 2018년 53.3퍼센트로 계속 높아지고 있습니다. '일단

대학은 가고 보자'라고 생각하는 사람들이 증가하고 있어, 대학교의 신설은

요구를 충족시켜 온 셈입니다.

신설 대학의 일부는 대학교 이외에도 다른 교육기관을 운영하는 학교법인이

많기 때문에 정원 미달이 곧바로 폐교로 연결되는 것은 아니겠지만, 대학교의

운영은 점점 더 어려워질 것입니다. 저출산으로 인한 학생 수의 감소로

대학교가 아닌 어떠한 교육기관도 수요 자체가 줄어드는 것은 피할 수 없는

미래입니다.

물론 요양보호나 사회복지 등 저출산 고령화에 수반해 수요가 증가하는

분야도 있을 테지만, 대부분의 교육산업은 현재를 전제로 운영되고 있습니다.

그렇기 때문에 대대적인 개혁이 없이, 이 상태를 유지한다면 위기는 머지않아

찾아올 것입니다.

여러분이 현재 60대라면 이 상황에서 도망칠 수도 있을 것입니다. 하지만

50대 초반 이하라면 2040년의 미래를 반드시 대비해야 합니다. 그만큼

인구의 변화가 우리에게 미칠 영향은 매우 크기 때문입니다.

퇴직금은
지급하지 않아도
위법이 아니다

이 책을 읽는 독자 중에는 "연금이 부족하다면 퇴직금으로 어떻게든

버텨보자"라고 머리에 떠오른 사람이 적지 않을 것입니다. 하지만 오랫동안

뿌리내려온 퇴직금 제도는 2040년에는 거의 과거의 유물이 되어 있을

가능성이 높습니다.

많은 사람들이 '퇴직금'이라고 부르는 제도는 정년 또는 중도퇴사 시에

일괄적으로 돈을 받는 제도라고 생각하실 것입니다.

일본의 퇴직금 제도에 대해 설명하면, 퇴직일시금과 정년 후에 연금으로 받는

퇴직연금 2가지의 형태가 존재합니다. 실제 선택지로는 퇴직금을 일괄로 받거나 일부를 일시금으로 받고 나머지를 퇴직연금으로 수령하는 방법, 전부를 퇴직연금으로 수령하는 방법이 있기 때문에 3가지 선택지가 있습니다. 그러나 중소기업 등은 퇴직연금이 없는 경우가 대부분이고, 세제혜택 또한 일시금 수령이 유리하기 때문에 퇴직금을 일시금으로 수령하는 경우가 대부분입니다.

기업에 따라 퇴직금의 형태도 선택지도 제각각인 것은 애초에 퇴직금이 기업의 의무가 아닌 사내 제도에 불과하기 때문입니다. 사규에 퇴직금 규정을 둔 경우에는 퇴직금을 지급해야 하지만, **퇴직금 제도를 마련하지 않아도 위법은 아닙니다.**

현재 시점에서 대기업의 약 90퍼센트, 전체 기업의 약 80퍼센트가 퇴직금 제도를 마련하고 있지만, 그 숫자는 줄어드는 경향을 보이고 있습니다. 후생노동성에 의하면 퇴직금 제도를 폐지했다고 한 기업은 2008년 16.1퍼센트였던 것에 비해 2018년에는 22.2퍼센트로 증가했습니다.

퇴직금 제도가 유지되더라도 받을 수 있는 퇴직금의 액수는 점점 줄어드는 것이 불가피할 것입니다.

지금으로부터 25년 전인 1997년에는 직장인의 평균적인 퇴직금 수령액이

3억 230만 원이었지만, 2017년 조사에서는 1억 9,970만 원으로 20년

사이 1억 원 이상 줄어들었습니다. 이 같은 상황이 계속된다면 20년 후인

2040년에는 퇴직금이 1억 원 밑으로 줄어든다는 예측이 가능합니다.

또한 퇴직금은 어디까지나 회사에서 적립한 금액입니다. 따라서 회사의

실적이 악화되어 파산을 한다면 국민연금과 달리 퇴직금이 제로가 될

가능성도 존재합니다.

퇴직금 제도를 유지하는 기업이 줄어들고 있다는 사실은, 이 제도의 본질을

이해한다면 납득할 수 있는 문제일지도 모릅니다.

그림 14 받을 수 있는 퇴직금 액수

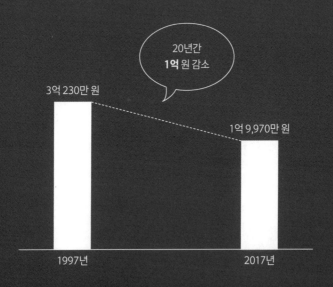

퇴직금은
월급을 적게 주기 위해
생겨났다

퇴직금의 기원에는 여러 가지 설이 있지만, 에도시대 한 가게에서

오랫동안 헌신적으로 일한 점원에게 같은 상호의 점포를 열도록 도와주는

노렌와케暖簾分け 전통에서 시작되었다는 이야기도 있습니다. 즉, 오랫동안

노력해온 대가를 지불한다는 의미를 지니고 있었습니다. 분점을 내도록

도와주는 개념이었기 때문에, 당시의 퇴직금은 지금과 비교할 수 없을 정도의

거액이었습니다.

1917년 제정된 미쓰비시의 〈사용인 퇴직수당 내규〉에 따르면, 퇴직금은

20년 근속 직원에게 최종 월급의 130개월분(약 11년분), 25년 근속

직원에게 190개월분(약 16년분), 30년 근속 직원에게 230개월분(19년분)이

지급되었습니다.

지금으로 따지면 월급 300만 원의 평사원이라도 7억 원 가까운 금액을

퇴직금으로 지급받았던 것입니다.

물론 미쓰비시가 퇴직금을 많이 준 편이었지만, 다른 기업들의 퇴직금도 크게

다르지 않았습니다.

이것이 왜 일본 전체 기업으로 보급되었을까요? 당시 일본은 급격한

산업화가 진행되고 있었기 때문에 생산현장에 인력을 수급하는 것이 가장 큰

과제였습니다. 회사가 퇴직금이라는 당근을 준비해놓고 "지금은 높은 급료를

지급할 수 없지만, 오래 일하면 일할수록 많은 돈을 받을 수 있어요"라며

노동자를 회유하고 회사에 정착시키기 위해 많은 기업에서 퇴직금을

도입하기 시작한 것입니다.

퇴직금 제도란 재직 중에 받았던 저임금을 퇴직 시에 보완하는 제도로, 퇴직

시에 거액의 상여금을 통상적인 급여와 별도로 받는다는 의미가 아닙니다.

이것은 현재 일본 대기업의 급여 형태와 유사합니다. 신입 시절에는

낮은 임금으로 시작하여 연차가 쌓일수록 임금은 오르고, 마지막으로 퇴직금이라는 목돈을 받습니다. 즉, 기업의 입장에서 퇴직금은 '임금 후불'과 같은 구조입니다.

산업화 시기에 일본 기업은 구미 열강을 따라잡기 위해 원래라면 직원에게 지불할 돈을 퇴직금이라는 형태로 지급을 미뤄두고, 그 돈을 설비 투자 등에 투입하여 산업화를 진행시켰습니다.

퇴직금 제도는 일본의 경제를 지탱해온 제조업에 적합한 제도였습니다.

경제성장은 계속되었고, 인구도 늘어나는 가운데, 많은 청년을 공장에서 일하게 만든 퇴직금, 종신고용, 연공서열은 대기업에서 중소기업으로 퍼져 일본 경제를 성장시켜 왔습니다.

젊은 시절의 급여는 적지만 급여는 50대 중반 무렵 정점을 찍고, 퇴직금으로 주택담보대출을 일괄 상환한 후 노후를 준비하는 것이 평범한 직장인의 삶이었습니다. 1980년대까지 좀처럼 이직하는 경우가 없었던 것은 근속연수가 퇴직금에 비례하기 때문에 "지금 회사를 그만두면 손해다"라는 의식이 컸기 때문입니다.

젊은 세대는 바쁘게 일했던 시절의 급여를 나이를 먹고 되찾기 위해서,

고령 세대는 능력에 비해 고임금이기 때문에 설 자리가 없어도 그만두지 않았습니다. 1980년대까지 직장인의 인생을 소속 기업에 맡긴 것은 의리와 인정에 치우친 것이 아니라 금전적으로 분명히 그러한 선택이 합리적이었기 때문이었습니다.

그러나 지금은 아닙니다. 제조업에서 비제조업으로 산업의 주역이 바뀌었고, IT 업계에서 눈에 띄는 것처럼 이직도 중도 채용도 늘어나고 있습니다. 이직과 중도 채용이 일반화된 지금, 근속연수가 길기 때문에 퇴직금이 많다는 것은 공평하지 않다는 불만도 당연히 많아지고 있습니다.

지금까지는 '후불 임금'을 많이 쌓아온 사람들이 회사에서 의사결정권을 가지는 직위에 있었기 때문에 과감한 구조조정과 임금체계의 근본적인 개혁은 가능한 미뤄져 왔습니다. 그러나 이제 한계에 봉착하고 있습니다.

2019년에 들어 일본의 대기업들도 신규 졸업자의 급여체계 개편을 시작했습니다. 유니클로를 운영하는 패스트리테일링은 입사 3년 안에 최대 3억 원을 지급하는 구조를 마련하고 있습니다. NEC는 신규 졸업자에게 실적에 따라 1억 원을 지급하고 있으며, 회전초밥 체인점인 쿠라스시는 간부후보생을 연봉 1억 원에 모집하고 있습니다.

'지금까지'가 아니라 '지금'을 평가하고, '후불 임금'을 바꾸려는 움직임이

확산하고 있다는 증거입니다.

그럼에도 불구하고, 많은 기업이 '젊었을 때는 적은 급여를, 나이가 들어서는

많은 급여를' 지급하는 장기고용을 전제로 한 낡은 임금 모델을 바꾸지 않고

있습니다. 하지만 20년 후에는 완전히 달라져 있을 것입니다.

이 책을 읽는 당신이 정년을 맞이하는 것은 언제일까요?

당신의 미래를 퇴직금에 기대는 것은 위험한 생각입니다.

민간보험은
들지 않는 것이
좋다

사회보장제도의 미래는 알 수 없고 퇴직금도 믿을 수 없다면, 노후는 어떻게

대비해야 할까요?

우선 머리를 스치는 것은 생명보험과 의료보험 그리고 투자일 것입니다.

2040년 우리의 안정적인 삶을 위해 무엇을 어떻게 준비해야 할지에 대해서

알아보도록 하겠습니다.

먼저 생명보험이나 의료보험은 불필요한 지출이라고 생각합니다. 저 역시

한 번도 가입한 적이 없을뿐더러, 제가 지금 20~30대라도 가입하지 않을

것입니다. 이유는 국민건강보험을 비롯한 공적보험제도가 매우 충실하기 때문입니다.

자신이 죽으면 가족의 생계가 걱정되는 마음은 이해합니다. 하지만 당신이 회사에 다닌다면 유족에게는 유족연금이 지급되고 대기업의 경우에는 특별 조의금이 지급되기도 합니다.

남편(35세, 직장인, 연수입 5,000만 원), 아내(35세, 전업주부), 장남(5세) 3인 가족의 가장이 사망하여 아내와 자녀가 남겨진 경우, 남은 가족에게는 자녀가 18세가 될 때까지 유족연금이 연간 약 1,500만 원 지급됩니다.

유족연금을 단순 계산해도 2억 원 가까이 되는 것입니다. 그리고 그 후로도, 아내에게는 65세가 될 때까지 연간 약 1,000만 원이 지급됩니다. 이것까지 포함하면 약 3억 원의 유족연금을 수령하게 됩니다.

유족연금만으로는 자녀의 진학이나 노후 준비 등을 생각하면 부족할지 모릅니다. 하지만 이러한 제도가 있다는 것을 고려하지 않고, 잘 모르는 상황에서 보험설계사가 권하는 대로 보험에 가입하지는 않았는지요?

애초에 생명보험은 보험료가 너무 비쌉니다. 생명보험회사는 절대로 자신의 회사가 손해를 보지 않도록 보험료와 지급액을 설정하고 있습니다. 도쿄에

미사일이 떨어져서 수도가 괴멸되고 사망자가 속출해도 생명보험회사의

경영은 흔들리지 않는다고 하니, 그만큼 터무니없이 높은 보험료로 수익을

올리고 있는 것입니다.

의료보험을 비롯한 암보험 등도 가입할 필요가 없습니다. 사망원인으로

가장 높은 질환은 뇌졸중, 심장 질환, 암 등이겠지만 이들 질환의 기본적인

치료비는 국민건강보험으로 충분히 감당할 수 있습니다. 특별한 치료를

요구하는 난치병이 아닌 이상 공적보험으로 대부분의 질병은 치료가

가능합니다. 그리고 특별한 치료를 요구하는 난치병에 걸릴 가능성은 극히

낮기 때문에 이를 위해 민간보험에 가입하는 것은 불필요하다고 생각합니다.

치료비와 입원비 등에서 자기부담금이 발생하지만 자기부담금은 스스로

해결하는 것이 가장 현명한 선택입니다. 이를 위해 보험에 가입한다면 미래에

감당할지도 모르는 자기부담금보다 보험료로 납입해야 하는 금액이 더

커지기 때문입니다.

사고를 당해 몸에 장애가 남았다고 해도 장애연금이 국가에서 지급됩니다.

신체나 정신에 장애가 있는데도 불구하고 장애연금에 대해 모르고 수급하지

않는 사람이 의외로 많다고 합니다. 이러한 정보를 모르고 민간보험에 가입한

사람도 적지 않을 것입니다.

보험회사가 마케팅을 위해 불안을 부추기는 것이 가장 큰 문제겠지만,

불필요한 민간보험에 노후에 필요한 자금이 낭비되고 있다는 점을 분명

깨달아야 합니다.

한 달에 보험료를 30만 원 정도 내고 있다면, 연간 360만 원, 5년간 1,800만

원입니다. 보험은 최대한 효율적으로 활용하고, 절약한 보험료는 노후 준비로

돌려야 합니다.

공적보험으로 감당하기 어려운 질병에 걸릴 확률보다 미래에는 힘든 노후를

보낼 확률이 더 크기 때문입니다.

예적금은
더 이상
의미가 없다

앞에서 언급했듯이, 국가의 입장에서 연금은 복지가 아니라 보험입니다.

국가가 국민의 행복한 삶을 위해 베푸는 돈이 아니라, 젊었을 때 부담한 돈을

미래에 돌려받는 구조인 것입니다. 그렇기 때문에 젊었을 때 부담하는 돈을

적게 내고, 미래에 많은 돈을 받고 싶다는 것은 구조적으로 이치에 맞지 않는

이야기입니다.

따라서 고령화 사회가 점차 심각해지는 현실을 감안한다면, 노후 자금은

스스로 어느 정도 마련해야 합니다.

그렇다고 금융기관에 돈을 꼬박꼬박 맡겨서는 소용이 없습니다.

한때는 예적금이 자산형성에 큰 역할을 했었습니다. 우체국 정기적금의

금리는 1961년부터 1990년대 초반까지 거의 연 5퍼센트 이상을

유지했습니다. 1970년대에는 정기적금의 금리가 7퍼센트를 넘겼던 시기도

있었습니다. 1,000만 원을 1년간 맡겨두면 아무것도 하지 않아도 1,070만

원이 되었던 것입니다.

금리가 6퍼센트라고 해도 금융기관에 돈을 맡겨두면 원금에 이자가 붙고,

새로운 원금을 재투자하면 또 이자가 붙어 12년 만에 원금은 2배가 될 수

있습니다. 아인슈타인이 인류 최대의 발명이라고 불렀듯이, 이자에 이자가

붙는 복리의 효과는 위대했습니다.

그러나 지금 일본의 금리는 초저금리를 기록하고 있습니다. 정기적금의

금리가 0.01퍼센트로 놀라울 정도의 초저금리이기 때문에 복리 효과를

기대할 수 없습니다. 참고로 0.01퍼센트의 금리로 원금이 두 배가 되기

위해서는 7,200년이 걸립니다. 과거 원금을 두 배로 만드는 데 12년 걸렸던

것이 지금은 7,200년으로 늘어난 것입니다.

앞서 언급했던 '노후 2억 원 문제'는 노후 준비를 위해 "예적금 이외의

금융서비스를 이용해 개인이 노후 자금을 마련해야 한다"는 금융청의 메시지가 핵심이었습니다.

'잃어버린 30년'이라는 말이 있습니다. 일본에서 버블 붕괴 이후 30년 이상 경기침체가 계속된 것을 나타내는 표현입니다.

그동안 일본의 주가지수는 제자리를 기록했습니다. 아마도 금융청은 예적금에 편중된 개인의 자산을 금융시장으로 끌어들여 주가지수를 끌어올리면 모두의 자산이 증가한다고 호소하고 싶었을 것입니다.

미래는
테크놀로지보다
정치가 주가를 결정한다

보험은 확실히 의미가 없고 예적금은 소용이 없다면, 결국 남은 것은

투자밖에 없습니다. 당신이 투자에 있어서 아마추어라면 지금부터 준비를

잘해야 합니다.

투자라고 하면 가장 먼저 떠오르는 것이 주식입니다. 다만, 앞으로 주식에

투자할 때는 정치적 리스크를 지금 이상으로 생각해야 할 것입니다.

지금도 주가는 경제환경의 영향에서 분리될 수 없지만, 그것보다 주가에 큰

영향을 미치는 것이 GAFA(구글, 애플, 페이스북, 아마존닷컴)로 대표되는

기업의 전략이나 최신 기술의 미래에 대한 기대입니다. GAFA은 그들이

다루는 클라우드 사업이나 인공지능 기술이 세계를 이끈다고 판단하기

때문에 주식가격이 고평가되고 있습니다.

하지만 미래에는 테크놀로지보다 정치가 주가에 더 큰 영향을 미칠 것입니다.

이미 그 현상은 시작되고 있습니다. 여러분도 알고 있는 미국과 중국의

무역전쟁은 이미 주가에 큰 영향을 미치고 있습니다.

미국과 중국의 관계는 본질적으로 세계 경제의 패권 다툼입니다. 제2의

냉전이라고 일컬어지는 대로 미국의 대중국 관세와 중국의 보복 관세가

정상화되더라도, 미국과 중국 간에는 많은 품목이 고관세로 유지될 것으로

예상됩니다.

미국의 산업은 중국의 부품과 소재에 많이 의존하고 있기 때문에, 결국 미·중

무역전쟁은 자국민의 부담을 강요하고 소비자의 고통을 크게 만들었습니다.

2020년에 들어서 미·중 무역전쟁은 잠시 정전 상태에 들어섰지만, 이는

당시 트럼프 대통령이 재선을 위해 경제안정을 추구하고 코로나 사태로

무역전쟁을 지속할 수 없었기 때문입니다.

참고로 미국은 유럽연합과도 관세를 둘러싸고 대립이 격렬해지고 있습니다.

정치가 세계 산업에 미치는 리스크가 점점 커지고 있는 것입니다.

미국과 중국의 갈등을 보면 알 수 있듯이, WTO(세계무역기구)와 같은

국제기구는 점점 무력화되고 있습니다. 마치 세계 경제는 각국이 서로에게

관세를 부과하던 시절로 되돌아가는 것처럼 보입니다.

이런 시대에 한 기업의 전략과 기술의 미래와 같은 가능성으로 주가를 예측하는

것은 너무나 위험합니다. 마치 정치 앞에서 한 개인이 무력한 것과 같은

상황입니다.

그렇다면 국내 기업이든 외국 기업이든 한 회사를 선택하여 투자하는

개별종목 투자는 손을 대기가 어려워집니다. 정치적 리스크가 커지면,

한 기업의 미래 같은 것은 정치가조차 예상할 수 없기 때문입니다.

앞으로 주가를 요동치게 만드는 변수가 지금 이상으로 많아질 것이기 때문에

투자의 어려움은 더욱 커지고 장기적인 자산형성에 적합하지 않을 것입니다.

참고로 국채에 투자하는 것 또한 국제정세를 읽어야 하는 것은 마찬가지지만,

애초에 수익률이 크지 않기 때문에 자산형성에 적합하지 않습니다.

ETF에
투자하라

정치로 인해 리스크가 점점 커지고 있다면, 노후 자금을 위해 어디에 투자하는

것이 좋을까요?

자산형성을 위해 많은 사람이 선택하는 것이 '상장지수펀드(ETF, Exchange

Traded Fund)'입니다. 상장지수펀드란, 다우지수나 나스닥지수 등의

주가지수에 연동되도록 운용하는 투자신탁을 말합니다. 채권 ETF나 원자재

ETF도 있지만 구조가 다소 복잡하기 때문에 초보자는 피하는 것이 좋습니다.

그럼 왜 주식 ETF가 좋을까요? 예를 들어 다우지수와 연동되어있는

상장지수펀드는 미국 경제가 탄탄하다면 자연스럽게 이익이 커집니다.

즉, "그 나라 자체가 괜찮은가?"라는 관점에서 투자를 할 수 있기 때문입니다.

미국 경제는 중국과의 패권 다툼이 격렬해지고 있어 100년 후에는 모르지만 앞으로 수십 년간은 흔들리지 않을 것입니다. 선진국 가운데 인구가 계속 증가하는 유일한 나라이기 때문입니다. 20년 후, 2040년에 미국 경제가 붕괴하고 있다면, 일본 경제는 더 큰 붕괴를 겪고 있을 것입니다. 그때는 당신의 노후보다 생존을 걱정해야 할 것입니다.

ETF에는 수백 개의 종류가 있기 때문에 개인의 자산형성 목표에 따라 선택지는 달라질 것입니다. 하지만 안정적인 수익을 추구해도 연 2~3퍼센트 정도의 수익을 기대할 수 있는 ETF가 적지 않습니다. 연 3퍼센트의 수익률이라고 해도 월 40만 원씩 적립한다고 가정하면 30년 후에는 2억 1,000만 원이 넘어갑니다. 같은 기간 같은 금액을 예적금을 활용하여 불린다면 1억 5,000만 원밖에 되지 않습니다.

예적금에 맡기지 않고 ETF에 투자하는 것만으로, 6,000만 원 정도의 차이가 발생하는 것입니다.

ETF는 예적금보다는 리스크가 크지만 개별 주식 투자에 비하면 시장 전체에 연동되기 때문에 리스크가 적은 편입니다. 물론 ETF에 투자하지 않고 꾸준히 저축하는 선택도 있습니다. 70세까지 일한다면 연금도 현재와 같은 수준으로 받을 수 있습니다.

당신이 어떤 미래를 살고 싶은지는 당신이 선택해야 할 문제입니다.

다만, 하나 확실한 것은 누구에게나 노후는 평등하게 찾아온다는 것입니다.

chapter 03

미래를 예측하는
힘을 기른다

의식주의 미래는
차근차근
바뀌어 간다

3장에서는 미래의 생활이 어떻게 바뀔 것인지를 살펴보도록 하겠습니다.

미래에 당신의 생활이 어떻게 바뀔 것인지 예측하는 것은 삶에 큰 도움이

될 것입니다. 그러나 이 분야는 어쩌면 미래 예측이 가장 어려운 분야이기도

합니다. 기술의 발전이 빠르고 불확실한 요소 또한 너무 많기 때문입니다.

산업화 시대에 지금의 생활을 예상하는 일은 훨씬 쉬웠을 것입니다. 산업화

시대의 기술 혁신이 지금 우리 생활의 근간이 되었기 때문입니다. 하지만

2040년 미래 예측을 위해 현재를 살펴보면 산업화 시대에 비교해 불확실한

요소가 많아지고 있다는 점을 알 수 있습니다. 특히, **지금과 산업화 시대의 가장 큰 차이는 환경 문제입니다.** 자연재해의 위험과 지구온난화 문제 등은 앞으로 더욱 심각해질 것입니다. 그 결과 친환경적이고 자연재해의 위험을 줄이기 위한 새로운 기술이나 서비스가 생겨나는 일도 많아질 것입니다. 또한 세계적인 인구 증가와 그에 따르는 식량위기가 있습니다. '괴상한 식품' 정도로 취급받는 배양육이나 곤충식이 예상보다 빨리 우리의 식탁에 오를 날도 멀지 않았습니다.

2040년 미래의 생활, 특히 이번 장에서 다룰 '의·식·주'의 미래를 생각할 때 언급하지 않을 수 없는 것이 지금까지 알려지지 않은 바이러스의 위협입니다. 우리의 삶과 밀접한 부동산의 미래를 예측하더라도, 바이러스의 위협은 미래 예측을 어렵게 만듭니다. **50년 후, 일본의 부동산은 하락하고 있을 가능성이 크지만, 2030년의 부동산은 과연 어떨까요?** 인구감소에 따라 빈집이 늘어나고 부동산 시세는 지속적인 하락세를 보인다는 것이 정설이지만, 이것은 새로운 코로나 바이러스의 출현으로 단기적인 상황이 바뀔 수 있습니다.

이번 코로나 팬데믹으로 인해 경제침체가 예상되자, 세계 각국의 정부들은 경제활성화 정책으로 대량의 돈을 시장에 공급했습니다. 이렇게 공급된 돈은

우선 주식 시장으로 흘러들었고 그다음이 부동산 시장이었습니다. 특히,

홍콩이나 싱가포르, 미국의 도시 지역 부동산은 터무니없을 정도로 폭등세를

보였습니다.

의외라고 생각할지 모르지만, 저는 그다음이 일본의 도시 지역이 아닐까

추측하고 있습니다. 2040년을 생각하면 일본의 부동산 수요는 확실히 침체할

것으로 예측되기 때문에, 해외투자자들이 일본의 부동산을 사는 일은 없을

것이라고 생각할 수 있습니다. 하지만 현재의 일본은 환율 등을 고려하면

상대적으로 '물가가 저렴한' 나라입니다.

2030년만을 예상한다면 일본의 도시 지역 부동산은 오르고 있을지도

모릅니다.

코로나 팬데믹 이전만 하더라도 일본에 방문하는 외국인 관광객이 연간

3,100만 명을 넘어섰습니다. 외국인 관광객의 가장 큰 목적은 쇼핑입니다.

일본에서 쇼핑을 하면 싸기 때문입니다. 100엔(약 1,000원) 균일가로

판매하는 다이소는 중국에서는 10위안(약 150엔), 미국에서는 1.9달러(약

250엔) 균일가로 판매하고 있습니다. 미국 관광객은 같은 상품을 미국의

절반도 안 되는 가격에 쇼핑할 수 있는 것입니다.

참고로 디즈니랜드의 입장료도 미국, 프랑스는 물론 중국보다도 일본

디즈니랜드가 가장 싼 가격을 책정하고 있습니다.

즉, 코로나 팬데믹으로 풀린 대량의 돈이 회수되지 않는 상황이라면, 저렴한

가격 때문이라도 일본의 부동산이 매입된다는 것은 충분히 생각해볼 수 있는

문제입니다. 그렇게 된다면 10년 후의 부동산 가격은 일반적인 생각과 달리

오르고 있을 가능성도 부정할 수 없습니다.

불확실한 미래를
예측하는
힘을 기르자

미래를 예측하는데 불확실한 요소가 많다는 이야기는 코로나 바이러스

하나로 세계 사회와 경제환경이 이렇게 급변할지 아무도 예측하지 못했다는

것으로 설명이 가능할 것 같습니다.

새로운 비즈니스 가치관으로 '공유 경제'가 최근 몇 년 사이에 널리 사회에

받아들여 왔지만, 코로나 팬데믹으로 공유 경제는 큰 타격을 받았습니다.

다른 사람들과 공간과 사물을 공유한다는 라이프 스타일의 전환과 경제적

합리성으로 공유 경제는 큰 지지를 받아왔지만, 세계적으로 위생 관념이

높아진다는 생각조차 하지 못했던 장벽이 공유 경제를 가로막은 것입니다.

코로나로 인한 봉쇄가 풀리고 경제 활동이 재개되면 이러한 공유 경제의

수요도 회복될 것이라는 반론도 있을 것입니다. 하지만 공유 경제는 코로나

이전의 모습으로 완전히 돌아오지는 못할 것입니다.

돌아오지 못하는 것은 '수요' 뿐만이 아니라 '내용'도 포함됩니다. 대표적인

숙박 공유 서비스인 에어비앤비는 이용자의 예약 내용이 바뀌고 있다고

합니다. 대도시로부터 80킬로미터 이내, 시간으로 1시간 반 정도까지

예약이 급증하고 있다는 것입니다.

특히, 인기가 있는 것은 단독주택이나 아파트 한 채를 모두 임대하는

타입으로, 2020년 6월 시점에서 전체 예약의 약 80퍼센트를 차지한다고

합니다. 이용자들이 코로나에 취약한 밀접·밀집·밀폐의 '3밀'을 피하고 싶은

마음이 분명하게 드러나고 있습니다.

위생을 중요하게 생각하여 민박을 절대 이용하지 않고 호텔만을

사용하겠다는 사람들도 증가했을지 모릅니다. 어느 쪽이든 코로나 팬데믹

이전에는 상상하지 못했던 방향으로 이용 형태가 바뀌고 있는 것입니다.

이러한 변화는 일시적이고 얼마 지나지 않아 이용 형태도 코로나 이전으로

돌아올 것이라고 생각하는 사람도 있을 것입니다.

그렇습니다. 지금까지 세계적인 위기가 여러 번 있었지만, 그로 인해 사람의 행동이 근본적으로 변하지 않았다는 것을 많은 사람들이 알고 있습니다.

코로나 바이러스의 위기에서 벗어난 후 사람들의 행동이 바뀌었는지 아니었는지는 역사가 증명하겠지만, 확실히 말할 수 있는 것은 자연재해나 바이러스 등으로 인해 우리의 의식주가 일시적으로 확 바뀌어 버린다는 사실입니다.

여름철 뙤약볕 속에서 마스크를 쓰고, 건물에 들어갈 때면 필사적으로 모두가 손을 소독하는 광경을 코로나 이전에 누가 상상이나 했을까요?

이처럼 미래 예측은 어렵습니다. 급격한 기술의 발전이 예전보다 미래에 대한 장기적인 예측을 어렵게 하고, 자연재해나 바이러스의 출현은 단기적인 예측조차 어렵게 만들고 있습니다.

아무리 논리적 사고를 쌓아 올려 예측을 한다고 해도 인간의 상상을 뛰어넘는 일이 발생할 수 있다는 것은 지난 10년을 되돌아봐도 납득할 수 있습니다.

그렇다고 해도 미래를 예측하지 않는다는 선택지는 없습니다. **현재의 지식을**

활용하여 미래의 방향을 예측하는 힘은 상상하지 못한 어떤 일이 발생하더라도 대응할 수 있는 힘을 길러주기 때문입니다.

물론 이번 장에서는 단기적으로 예상 밖의 변화가 발생하더라도 크게 방향성이 흔들리지 않을 주제를 선택했습니다. 우리의 생활 방식과 관련된 일종의 종합 세트라고 생각해도 좋을 것입니다. 당신이 2040년에 어디서 무엇을 하던 관련된 이야기일 것입니다.

우리를 둘러싼 의·식·주와 이와 관련된 산업은 여러모로 변하겠지만, 그것을 현재의 지식으로 예측하는 힘을 가지고 있다면 미래에 대응할 수 있을 것입니다.

나라가 발전하면
육류 소비량이
늘어난다

일본을 비롯한 선진국들의 인구가 감소한다고 지적했지만, 반대로 세계

인구는 계속해서 증가하고 있습니다. 1950년 26억 명이었던 세계 인구는

2020년에는 78억 명이 되었고, 2040년에는 90억 명으로 늘어날 것으로

예측하고 있습니다.

따라서 문제가 되는 것은 식량입니다. 개발도상국이 경제성장을 이루면

식생활은 어떻게 변할까요?

가장 큰 식생활의 변화는 육류 소비량이 늘어나는 것입니다.

세계 육류 소비량은 2000년~2030년 사이에 70퍼센트 증가하고,

2030년~2050년 사이에 20퍼센트 더 증가할 것으로 예상됩니다. 그러나

농경지나 축산지 등 식량 생산에 사용할 수 있는 땅은 한정되어 있습니다.

소고기 1킬로그램을 생산하는데 필요한 곡물은 8킬로그램 정도로 알려져

있습니다.* 얼음으로 덮여 있지 않은 육지의 4분의 1은 이미 가축용

목초지라고도 합니다. 게다가 현재 송아지가 식육이 가능한 소가 되기까지

2~3년이 걸린다고 하니 공급을 늘리는 데도 한계가 있습니다.

그런 가운데 환경보호와 동물보호 관점에서 개발이 진행되고 있는 것이

'대체육'입니다. 콩 등의 식물성 원료를 사용하여 만든 대체육이 '햄버거

스테이크'나 '소시지' 형태로 이미 마트와 식당에서 팔리고 있습니다.

대체육의 전 세계 시장 규모는 2018년에 46.3억 달러, 2023년에는 64.3억

달러로 성장할 것이라는 추정이 있습니다.**

미국에서는 이미 대체육 전문기업이 주목받기 시작했습니다.

비욘드미트는 2019년 5월 대체육 전문기업 최초로 주식시장에

---

* 유엔 식량농업기구(FAO)
** 미국 시장조사기업 마케츠앤마케츠 조사

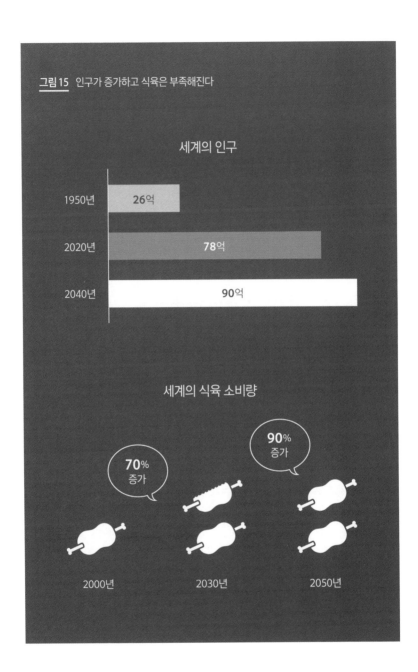

그림 15 인구가 증가하고 식육은 부족해진다

상장했습니다. 2009년 설립된 이 회사는 마이크로소프트 창업자인 빌 게이츠와 배우 레오나르도 디카프리오 등 유명 인사들이 출자한 것으로도 유명합니다. 이것은 미국에서 대체육에 대한 관심이 높다는 반증이기도 합니다.

또, 2019년 3월 조사에 의하면 미국 레스토랑의 15퍼센트가 대체육으로 만든 버거를 제공하고 있다고 합니다.
서양인들만큼 고기를 먹지 않는 일본인은 상상하기 어렵지만, 그들 사이에서는 고기를 먹는 것이 지구 환경과 사람의 건강에 좋지 않다는 생각이 자리 잡았다고 합니다. 이러한 죄책감에서 벗어나게 하는 것이 식물성 단백질로 만들어서 건강에도 좋은 대체육인 것입니다.

여러분은 혹시 대체육을 드셔보신 적이 있으신지요?
드셔보셨다면 그렇게 맛있다고는 느끼지 못했을 것입니다. 그러나 현재 관련 업계에서는 고기의 분자구조를 분석하여 보다 고기에 가까운 식감과 맛을 구현하기 위해 개발을 진행하고 있습니다. 식물성 단백질과 녹말 등의 재료를 조작하여 고기의 식감을 확실히 재현하는 것은 물론, 구울 때 나는 소리와 구운 모습과 색까지 진짜 고기와 비슷해질 것이라고 하니 기대가 됩니다.

이러한 식품을 개발하는 기술 분야를 '푸드 테크'라고 부릅니다. 앞서 언급한 세계 인구 증가와 식량 생산을 위한 토지 부족 등의 현실을 감안한다면, 음식 문화는 과학 기술의 지원을 받을 수밖에 없을 것입니다.

그럼에도 불구하고 "진짜 고기가 아니면 만족할 수 없다"는 목소리가 있는 것 또한 현실입니다.

이러한 목소리를 감안하여 개발되는 것이 '배양육'입니다. 배양육은 이름대로 고기 세포를 배양한 것입니다. 동물의 근육 줄기세포를 채취하여 증식시킨 것으로 줄기세포를 아주 조금 채취하는 것만으로 배양이 가능하기 때문에 동물을 대량으로 사육하거나 도축할 필요가 없습니다. 배양육은 원리적으로 1년에 수십 톤의 고기 양산이 가능하다고 합니다.

배양육이 알려지게 된 계기는 2013년 네덜란드 마스트리흐트대학교 마크 포스트 교수가 개최한 햄버거 시식회였습니다. 참고로 이때 제공된 햄버거 1개에 사용된 배양육 140그램을 만드는데 33만 달러가 들었다고 합니다. 햄버거 한 개의 가격이 3억 원 이상이었던 것입니다.

배양육은 아직 실증 단계로 매장에서는 판매되고 있지 않습니다. 그러나

미래에는 확실히 큰 이익을 창출할 것으로 기대되기 때문에, 전 세계 관련 기업들이 제조 비용을 낮추기 위해 노력 중입니다. 현 시점에서는 배양육을 사용한 소고기 햄버거를 10,000원대에 제공할 수 있는 가능성까지 보도되고 있어, 2020년대 초반에는 시장 유통을 시작할 것으로 보입니다.

2040년 세계 식육 시장은 1조 8,000억 달러 규모로, 그중에서 35퍼센트를 배양육이 차지할 것이라는 전망도 있습니다.[***] 배양육이 정착하기 위해서는 무엇보다도 비용 절감을 위해 대량 생산을 하는 것이 관건입니다. 대량 생산을 위해서는 현재 상황에서 또 다른 기술 개발이 필요한 것은 물론 소비자들이 배양육을 많이 찾아야 합니다.

결국, 가장 큰 걸림돌은 소비자가 배양육이라는 인공물에 대해 거부감을 느끼는 것입니다. 상품화에 성공한다고 해도 소비자가 거부감을 느낀다면 구매하지 않을 것이기 때문이죠.

〈배양육에 관한 의식조사〉에 따르면 '배양육을 시험 삼아 먹어보고 싶다'는 응답은 27퍼센트에 그치고 있습니다. 다만 배양육이 환경보호와 식량위기

[***] 미국 컨설팅기업 A.T.커니 발표

해결에 기여할 가능성이 있다는 정보를 제공하자 그 비율은 50퍼센트까지

늘어났습니다.

지금으로써는 지구 규모의 식량 문제나 온난화 문제를 많은 사람들이

먼 미래의 사건으로 보고 있습니다. 하지만 세계적인 인구 증가는

확실히 찾아올 미래입니다.

유전자 편집
식품이
해법이다

육류와 더불어 중요한 식품 중 하나가 생선입니다. 현재 참치, 연어, 새우 등은

배양육으로 개발이 진행되고 있지만, 소고기에 비해 완성도가 떨어진다는

평가를 받고 있습니다.

싱가포르의 갑각류 배양육 제조업체 시옥미트Shiok Meats가 2019년 개최한

시식회에서는 새우 배양육으로 만든 딤섬이 제공되었습니다. 딤섬 하나에

30만 원이 훌쩍 넘는 가격도 문제였지만 맛의 완성도가 낮아 대부분이 먹지

못했다는 보고가 있었습니다.

원래 소고기 배양육을 개발하는 이유 중 하나는 소고기를 생산하는 과정에서

발생하는 막대한 환경오염을 줄여보겠다는 것이었습니다. 하지만 어류는

육류만큼 환경오염을 유발하지 않습니다. 다만 어류 배양육의 개발이

수산물의 남획을 막을 것으로 기대하고 있습니다. 현재 어류의 30퍼센트는

과도하게 어획되어 수산업의 지속가능성을 위태롭게 만들기 때문입니다.

어육의 배양육은 5~10년 후에는 실용화가 가능할 전망입니다.

생선과 관련한 푸드 테크 중에서 정작 기대되는 것은 1장에서도 언급했던

게놈 편집, 즉 유전자 변형 기술입니다.

게놈 편집이란 특정 유전자를 조작하여, 그 기능을 바꾸는 기술입니다. 게놈

편집은 의료 분야뿐만 아니라 곡물이나 채소, 생선 등의 식량을 개량하는

기술로서 세계적인 관심을 받고 있습니다. 게다가 약간의 기능을 핀포인트로

콕 집어 빠르게 바꿀 수도 있기 때문에, 생선의 유전자 일부를 바꾸는

것만으로 해당 생선의 영양가를 높이고 어육의 양을 늘릴 수 있습니다. 또한

기후변화에도 생선의 생육이 크게 좌우되지 않게 됩니다.

그런데 여러분은 'Non-GMO' 마크를 보고 식품을 구매한 적이 있으신가요?

Non-GMO란 푸드 테크를 활용하여 농작물의 유전자를 편집하지 않은 식품에

표시하는 마크입니다.

세계적인 기대를 모으는 유전자 편집 식품이지만, 널리 보급되기 위해서는 배양육과 같은 과제를 안고 있습니다. 그것은 바로 소비자의 이해입니다. 규제에 대해서는 세계 각국이 논의하고 있지만 '유전자 변형 식품'에 대한 일반 시민의 저항은 아주 강합니다.

유전자 변형 식품에 대한 설문에 의하면 "게놈 편집된 농작물을 먹고 싶지 않다"라고 응답한 시민이 40퍼센트였다고 합니다.* 이러한 상황에서 가축이나 생선의 유전자를 편집한 경우라면 소비자의 거부감은 더욱 높아질 것입니다.

이미 2019년부터 유전자 편집으로 개발한 식품의 판매 및 유통에 관한 신고제도가 시작되었지만 큰 반응은 없는 편입니다. 이 신고제도는 소비자의 불안을 없애는 것이 목적이었지만, 신고도 표시도 임의 사항으로 의무가 아니었기 때문입니다.

다만 우리는 유전자 편집 식품에 대해 조금 더 생각해볼 필요가 있을 것 같습니다. 유전자 편집 식품에 대한 올바른 이해는 "단기간에 일으킨 변이이기 때문에 좋을 수도 있고, 나쁠 수도 있다"는 것입니다.

---

* 일본 게놈편집학회 〈일반시민의식조사〉 2019년 6월

유전자의 변이는 자연 상태에서도 오랜 시간에 걸쳐 발생하는 것입니다.

그리고 모든 식품의 품종 개량은 이 같은 변이를 인위적으로 장기간에 걸쳐

발생시키는 것입니다. 그렇기 때문에 유전자 편집은 같은 일을 단기간에

일으키는 것에 지나지 않는다는 발상도 가능한 것입니다.

인공육뿐만 아니라 곤충식도 앞으로 보급될 것입니다.

곤충식은 이미 해외에서 판매가 시작되고 있지만, 귀뚜라미나 밀웜(갑충류의

유충)을 사용하는 것이 많아 생김새나 독특한 풍미 때문에 꺼리는 사람이

많습니다. 확실히 기분 나쁘다는 생각이 드는 것은 어쩔 수 없습니다.

이러한 의견을 근거로 맛의 거부감이 적고 감칠맛이 있는 누에의 번데기를

분말로 가공해 식품으로 만드는 개발도 진행되고 있습니다.

정리하자면 2040년에는 세계에서 소비되는 고기의 60퍼센트가 일반육이

아닌 배양육이나 식물 단백질로 만들어진 인공육으로 대체될 것입니다.

사육되는 가축 자체도 유전자 조작에 의해 개량되어 있을 것입니다. 이 모든

것이 부자연스럽게 보일지도 모르지만, 아마도 그것은 시간이 해결해줄

일입니다. 현재 시점의 축산이나 양식도 100년 전 사람들이 보기에는

부자연스러운 일이라는 것을 잊지 않기를 바랍니다.

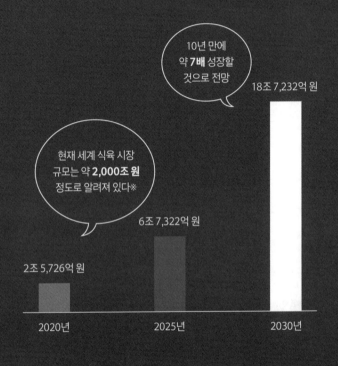

그림 16 인공육 시장이 성장한다

전 세계 대체육 및 배양육 시장 규모

10년 만에 약 **7배** 성장할 것으로 전망

18조 7,232억 원

현재 세계 식육 시장 규모는 약 **2,000조 원** 정도로 알려져 있다※

6조 7,322억 원

2조 5,726억 원

2020년 　　　 2025년 　　　 2030년

※ 니혼게이자이신문 2019년 12월 2일　　　　　출처 : 야노경제연구소

아파트의
가치는
떨어진다

휴양지의 별장을 "10원에도 팔 수 없다!"라는 뉴스가 얼마 전 세상을

떠들썩하게 했습니다. 버블 붕괴 이후 관리비나 세금 등의 부담이 커지면서

휴양지 부동산의 매수자가 줄어들고 있기 때문입니다. 부동산 소유자는

수리비 등의 비용을 일부 부담하고 '실질적인 마이너스 가격'으로 팔 수밖에

없다고 합니다. 지금은 가루이자와나 아타미 같은 유명 휴양지를 제외한

지역은 거의 같은 상황을 겪고 있습니다.

휴양지뿐만 아니라 지방 도시들도 경기가 좋았을 무렵에 대량으로 지어진

주택들은 팔고 싶어도 팔 수 없는 상황입니다. 그 결과 지금 일본에서는

빈집의 급증이 문제로 떠오르고 있습니다.

앞서 언급했던 것과 같이 2030년에도 어쩌면 대도시 지역의 부동산은 오르고

있을지도 모릅니다. 하지만 전국적으로 보면 2033년에는 전체 가구의

약 30퍼센트인 약 2,100만 호 이상이 빈집이 된다고 합니다.* 2040년에는

빈집이 더욱 늘어날 가능성이 높습니다.

가장 우려되는 것은 전국 소도시 지역에 위치한 수많은 아파트 단지입니다.

안전 측면은 물론 아파트의 자산가치를 올리기 위해서는 대규모 보수

공사가 필수입니다. 최근에 지어진 아파트는 적절한 유지보수만 된다면

100년 가까이 철거가 필요 없는 건물도 적지 않다고 합니다. 하지만 아파트

소유자들이 유지보수를 위한 비용을 마련하지 못하는 경우가 많아 문제가

되고 있습니다.

2018년 기준으로 전국 아파트의 75퍼센트가 장기수선충당금을 국가가 정한

기준 이하로 적립하고 있습니다.** 즉, 제대로 보수를 할 수 있는 아파트는

전체의 25퍼센트밖에 되지 않는 것입니다.

* 노무라 종합연구소 발표
** 〈니혼게이자이신문〉 조사

왜 이런 일이 일어나고 있을까요? 아파트 시공사와 시행사가 아파트의 분양을

우선하기 위해 장기수선충당금을 낮게 설정하기 때문입니다. 분양을 받는

사람들도 매월 상환해야 하는 대출금과 관리비가 있기 때문에 먼 미래의 일

따위는 생각하지 않고 눈앞의 비용을 낮추려고만 합니다.

일본에 대규모 아파트 단지가 들어서기 시작한 것은 1970년대부터 입니다.

인구가 꾸준히 늘어나면서 주택 부족이 심각해지기 시작하자, 정부는

계획적으로 주택공급을 시작했습니다. 주택 부족으로 부동산 가격은

폭등하였고, 직장인들은 교외 지역에 집을 마련할 수밖에 없었습니다.

결국, 교외 지역에 아파트가 많이 들어서기 시작한 것에는 이러한 배경이

있었습니다.

그렇기 때문에 일본의 아파트 단지에는 비슷한 연령의 사람들이 입주하는

사례가 많습니다. 한때는 아이들로 떠들썩했던 단지가 고령화가 진행되면서

노인들만 살게 되었고, 연금 이외에 특별한 수입이 없는 노인 세대는 보수

공사를 위한 비용을 마련할 수 없습니다.

아파트 재건축을 위해서는 주민 5분의 4의 동의가 필요합니다. 따라서

재건축이 검토되어도 실현이 어렵습니다. 고령화가 진행되면서 많은

주민들이 "그냥 계속 사는 것이 좋다"며 아파트를 재건축하는 것에 의욕이 없기 때문입니다. 재건축은커녕 수선과 보수도 소홀해지면서 새로운 입주자도 발생하지 않습니다. 현재 주거자가 사라져도 매수자가 없어 빈집이 되는 것입니다.

그 결과 아파트 단지 전체가 '슬럼화'가 되고, 관리비와 장기수선충당금의 체납도 눈에 띄게 늘어나게 됩니다. 이러한 부정적인 사이클이 지금 일본 전역에서 발생하고 있습니다.

대도시 도심 지역을 제외하고는 주택의 유리창이 깨져 있어도 아무도 이상하다고 생각하지 않는 세계가 바로 코앞에 와 있다고 해도 과언이 아닙니다. 노후 아파트가 늘어나면 주변의 주택 가격도 떨어지기 때문에 2040년에는 수도권의 주택 가격이 반토막이 될 것이라는 지적이 나오는 것입니다.

인구 증가를 기대할 수 없는 이상, 신축 건물은 줄어들고 빈집은 늘어납니다. 자산가치의 상승이 기대되는 극히 일부 지역을 제외하고는 주택의 가치는 하락할 것입니다.

집을 사든 빌리든 비용은 낮아지게 되는 것입니다. 어쩌면 자신의 집을 원하는

직장인들이 사라질지도 모릅니다. 굳이 집을 살 필요가 없다고 생각하는

사람이 늘어나면 부동산 가격은 더 떨어집니다. 미래를 생각한다면 아파트도

단독주택도 사지 않는 것이 좋습니다.

부동산에 관해서는 어두운 미래만을 그릴 수밖에 없을지 모르지만 희망은

있습니다.

지금까지 직장인들을 묶어 놓았던 '35년 주택 융자'는 말 그대로 유물이 되고,

집을 사지 않고 빌린다고 해도 집세가 수입에서 차지하는 비율은 극적으로

줄어들 것입니다.

이미 정액제로 일본 각지의 주택을 무제한으로 사용할 수 있는 서비스가

여러 개 나오기 시작했습니다. 2040년 주택이 포화상태가 되는 이상,

이러한 서비스는 증가하고 집은 마음대로 선택하는 대상이 될 것입니다.

평일과 주말, 계절에 따라 부담 없이 집을 바꾸는 라이프 스타일도 가능하다는

점을 상상하면, 2040년 주택의 사정은 의외로 즐거운 일이 될 수도 있습니다.

온라인 교육은
필수가
된다

일본의 경제는 계속 정체되고 있지만, 기술의 발전 덕분에 생활은 크게 바뀌고

편리해졌습니다.

다만 교육 분야에서는 큰 변화가 없는 것 같습니다. 인터넷이 교육을 바꿀

것이라는 주장이 계속되었음에도 불구하고 교육 현장은 과거와 크게 바뀐

점이 없다는 것이 놀라울 정도입니다.

학교 수업에서 PC와 같은 디지털 디바이스를 활용하는 비율은 OECD 36개

가맹국 중 최하위를 기록할 정도입니다.[*] 학교 밖에서 디지털 디바이스를

사용해 숙제를 '매일' 또는 '거의 매일' 한다고 답한 학생이 비율도 3퍼센트로

세계 평균 22퍼센트에 한참 밑도는 수준입니다.

그 원인은 무엇보다 학교에 PC 보급률이 낮기 때문입니다. 보급률이 가장

높은 사가현의 경우 학생 1.8인당 1대의 PC가 보급되었지만, 아이치현은

7.5인당 1대의 PC가 보급되었을 정도로 지역별 격차가 크고, 학교에 보급된

PC도 수업에 충분히 활용되지 못하고 있습니다.

이에 정부는 2019년 경제대책의 하나로 초등학교·중학교에 '1인당 1대의

PC'를 보급하기로 결정했지만 늦은 감이 없지 않습니다.

코로나 팬데믹의 영향으로도 미래에는 틀림없이 온라인 수업이 대중화될

것입니다.

초등학교·중학교에서는 설비의 문제도 있어 시간이 걸릴지 모르지만,

대학에서는 이미 강의와 세미나 등이 온라인 화상회의로 진행되고 있습니다.

물론 급작스러운 환경의 변화는 교원과 학생에게 당혹스러움을 느끼게

하지만 이점도 확실합니다.

[*]　경제협력개발기구(OECD) 발표

출석 확인이나 수업자료의 배포가 별도로 필요 없고, 수업 중에 설문 조사도

할 수 있습니다. 학생은 강의 중에 모르는 내용이나 의문점이 생기면 바로

검색을 할 수도 있습니다. 수업 내용이 이해가 되지 않았다면 수업을 반복

시청하는 것도 가능합니다.

가장 많이 바뀔 수 있는 가능성이 있음에도 불구하고 바뀌지 않던 곳이

대학이었지만, 어떤 기술의 발전보다 갑작스럽게 나타난 바이러스가 대학에

변화를 가져왔습니다.

대학 신입생들은 "꿈에 그렸던 캠퍼스 라이프와 다르다"라는 의견을 표출하고

있지만, 주된 이유는 수업보다는 교우 관계나 동아리 활동 등과 같은 수업

이외의 불만들입니다. 하지만 과제가 보이면 해결책은 반드시 나오기

마련입니다.

미국 대학교는
부유층만
갈 수 있다

미국에서는 장기화되는 온라인 수업에 불만이 팽배하여, 미국 전역 70개

이상의 대학교에서 수업료 반환 소송이 일어나고 있습니다.

이는 미국에서 온라인 수업이 받아들여지지 않는 것도, 미국 대학생들이

수업에 열성적인 것도 아닙니다. 이러한 사태의 본질은 단순히 미국 대학교

등록금이 비싸고, 비싼 학비에 온라인 수업이 걸맞은 환경이 아니었기

때문입니다.

미국의 대학교는 세계 대학교 순위에서 늘 상위권을 차지하고 있습니다.

그리고 전 세계에서 유학생들이 몰려들고 있는 것에서 알 수 있듯이, 미국에서

교육은 거대한 산업이 되고 있습니다

"명문 대학을 나오지 않으면 장래가 없다", "대학원에 가지 않고는 경제적으로

성공하지 못 한다"는 말이 세상에 떠돌 듯이, 그 경향은 점점 강해졌고

그 결과 미국의 대학교와 대학원의 등록금은 믿을 수 없을 정도로 비싸지게

되었습니다. 하지만 비싼 등록금을 부담할 수 있는 학부모가 많지 않기

때문에, 대부분의 학생들이 학자금 대출에 의존하고 있습니다.

미국 대학생의 대출 잔액은 계속 증가하고 있습니다. 2019년 전체

학자금 대출 잔액은 전년에 비해 34퍼센트 증가한 1조 5,100억 달러로,

원화로 약 1,940조 원을 넘어서고 있습니다. 더욱 놀라운 것은 학자금 대출

잔액이 지난 10년간 약 두 배 정도 증가했다는 것입니다. 교육의 중요성을

부추김으로써 대학 진학률도 높아져, 비싸진 등록금에도 불구하고 빚을

내서라도 많은 학생들이 대학에 진학하고 있기 때문입니다.

2019년 미국 사립대학교의 평균 수업료는 연 3만 6,900달러로 10년 전과

비교해 약 20퍼센트 상승했습니다. 1990년대와 비교하면 2~3배 급등한

것입니다.* 아무리 봐도 이것은 비정상적입니다. 일본 사립대학교의 평균

수업료인 연 900만 원과 비교해도 4배를 넘어서는 수준입니다.

게다가 미국 대학교는 기숙사에 들어가는 것이 일반적이기 때문에

기숙사비를 포함하면 연 5만 달러가 필요하게 됩니다. 참고로 하버드

로스쿨의 경우에는 연 10만 달러가 필요하다고 알려져 있습니다.

미국에서는 약 70퍼센트의 대학생이 학비를 위해 대출을 받고, 평균 4만

달러의 빚을 지고 사회에 진출한다고 합니다. 명문 대학교를 졸업하고 높은

급여의 직업을 구하게 되면 대출 상환이 가능하겠지만, 취업하지 못한다면

대출 지옥이 기다리고 있는 셈입니다.

게다가 규제 완화로 인해 학자금 대출이 민영화되어, 대출이자를 고금리로

전환하는 변동금리 상품을 취급하거나 악질적인 추심도 증가하고 있습니다.

대출을 상환하지 못하는 시기가 발생하면 미상환 대출은 급증하여 순식간에

부채는 배가 됩니다.

미국에서도 미국 대학교에 진학하는 것은 부유층만의 특권이 되고 있습니다.

* 미국 NGO 칼리지보드 발표

그리고 일반인들에게 대학교 진학은 이미 도박이 되어버린 지 오래입니다.

미국에서 학자금 대출은 이미 사회 문제가 되었고, 학자금 대출 상환 때문에
결혼이나 출산, 주택 구입을 미루는 경우가 늘고 있습니다. 40대까지 학자금
대출을 상환하지 못하는 경우도 있어, 40대 이상의 연체가 전체 연체의
10퍼센트 정도라고 합니다.

물론 미국에서도 이러한 고등교육의 문제점을 지적하는 목소리는 있습니다.
그러나 미국의 교육산업은 크게 바뀌지 않을 것입니다. 미국은 2040년까지도
인구가 계속 증가하기 때문입니다.
인구가 증가하더라도 인공지능 등의 활용으로 일자리는 늘어나지 않습니다.
따라서 인구가 증가할수록 취업 경쟁은 점점 치열해질 것입니다. 젊은 인구가
증가하는 한 미국의 교육산업은 "명문 대학교를 졸업하지 않으면 고소득
직업을 얻을 수 없다"라는 선전 문구를 계속 퍼트릴 것입니다.

학력의 의미는
점점
사라진다

미국과 일본을 비교하면 어떨까요? 미국과 일본은 처해 있는 상황이 완전히 다릅니다. 일본에서는 2040년을 향해 갈수록 학력의 가치가 점점 떨어질 수밖에 없습니다.

애초의 세계의 기준으로 보면 일본은 더 이상 학력사회가 아닙니다. 수험제도 자체도 저의 학창시절과 큰 틀에서 변하지 않았고, 외국과 비교하면 일본의 교육 수준은 대폭 저하되었음을 알 수 있습니다.

OECD 36개 회원국의 평균 대학 진학률은 58퍼센트입니다. 반면, 일본의

대학 진학률은 49퍼센트에 그쳐 밑에서 11번째를 기록하고 있습니다. 대학에

진학하는 것은 개인의 선택이지만 버블 붕괴를 감당하는 동안 세계에서 일본이

뒤처지고 있다는 현실은 기억해두는 것이 좋습니다.

대학생이 공부를 하지 않는 것도 마찬가지입니다. 대학생의 평균 학습시간이

초등학생보다 짧다는 통계 조사도 있을 정도니까요.

공부하지 않는 이유는 간단합니다. 공부를 하든 말든 대부분의 기업에서

처우가 다르지 않기 때문입니다. 미국은 대졸자와 박사과정 수료자의 초임이

50퍼센트 정도 차이가 나지만, 일본의 경우 잘해야 20퍼센트 정도의 차이를

보입니다. 학생 입장에서는 시간과 돈을 투자할 이유를 느끼지 못하는

것입니다.

오히려 이공계에서도 박사까지 진학하면 급여가 오르기는커녕 취업문이

좁아지는 것이 현실이라고 하니, 아무도 진학을 하려고 하지 않습니다.

결국, 많은 사람이 대학에 가기 위해 치열한 수험전쟁을 치렀던 것은 대학에

진학하는 것이 취업에 유리했기 때문입니다. 일본은 오랫동안 경제성장을

지속했었기에 '좋은 회사'에 들어가는 것만으로 평안한 삶을 유지할 수

있었습니다. 물론 대학에 진학하지 않아도 취업의 기회는 있었지만,

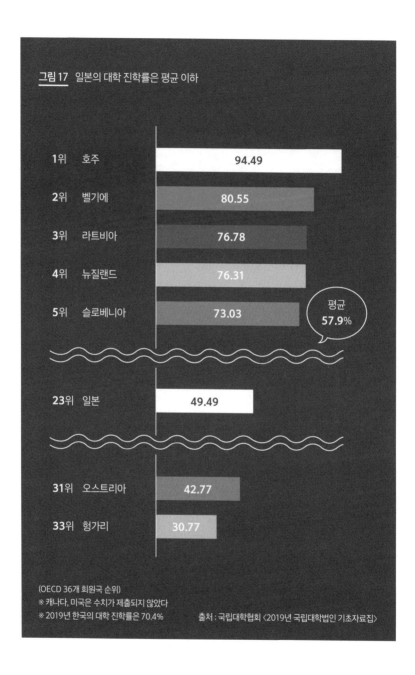

그림 17 일본의 대학 진학률은 평균 이하

1위 호주 94.49

2위 벨기에 80.55

3위 라트비아 76.78

4위 뉴질랜드 76.31

5위 슬로베니아 73.03

평균 57.9%

23위 일본 49.49

31위 오스트리아 42.77

33위 헝가리 30.77

(OECD 36개 회원국 순위)
※ 캐나다, 미국은 수치가 제출되지 않았다
※ 2019년 한국의 대학 진학률은 70.4%

출처 : 국립대학협회 〈2019년 국립대학법인 기초자료집〉

안정적으로 높은 급여를 받을 수 있는 '좋은 회사'는 경쟁률이 높았습니다.

경쟁률이 높았던 이유는 대기업의 일자리가 적었기 때문입니다.

인구가 계속 증가했기 때문에 '좋은 회사'의 채용에 응모하는 학생이

압도적으로 많았습니다. 기업들은 채용기준을 마련해야 했고, 그 기준은

학력이 되었습니다.

물론 반드시 '고학력=일을 잘한다'가 아니라는 것은 여러분도 아시겠지만,

채용 과정의 수고와 비용을 줄이기 위해서는 학력이 가장 알기 쉬운

지표가 되었습니다. TOEIC 점수 등을 채용기준으로 마련하는 회사도

생겨났지만, 이것 또한 채용의 번거로움을 줄이기 위한 것으로 학력과 같은

기준이었습니다.

하지만 저출산이 계속 진행되면서, 지금은 젊은 사람의 인구가 줄어들어

기업이 아닌 취업자 중심의 취업시장이 되었습니다. 학력이 가지는 힘은

취업전선에서 예전과 같은 영향력이 없어졌고, 앞으로는 더욱 심해질

것입니다.

2040년이 되면 18세 인구가 지금과 비교해 80퍼센트까지 줄어든다고

합니다. 애초에 기업에서 학력을 기준으로 대규모 채용을 실시하고, 거기에서

우수한 인재를 키운다는 과거의 채용모델은 현재도 한계를 보이고 있습니다.

학력만 있으면 어떻게든 경쟁력을 갖췄던 시대는 완전히 과거의 것이

되어버렸습니다.

미래에는 취업이 학력과 상관없게 되기 때문에, 앞으로는 부모도 아이에게

각자가 좋아하는 것을 발견하고 하고 싶은 일이나 자신의 인생을 펼칠 수 있도록

뒷받침 해주어야 합니다. 학교나 학원도 가기 싫으면 가지 않아도 됩니다.

대안으로 온라인 교육이 자리 잡게 될 것은 틀림없기 때문에 여러 가지 이유로

등교를 하지 않는 아이도 증가하게 될 것입니다.

대학이
살아남기 위해서는
전문성을 높여야 한다

정부는 교육의 미래에 대해서 어떤 생각을 하고 있을까요?

2040년 대학 교육의 목표를 정리한 정부의 문서에서 요구하는 인재상은

다음과 같습니다.

"사고력, 판단력, 부감력, 표현력을 기반으로 삼아 폭넓은 교양을 습득하고,

공공성·윤리성을 유지하면서 시대의 변화에 맞춰 적극적으로 사회를

지원하며, 논리적 사고력을 가지고 사회를 개선하는 자질."

참으로 정부의 문서에서나 볼 수 있을 법한 추상적이고 이해하기 어려운

글입니다. 조금 알기 쉽게 표현한다면 '분야를 넘어서는 첨단 학문을 배워 모든

것에 대응할 수 있는 능력을 갖춘 인재'가 필요하다는 것이 아닐까요. 그리고

이처럼 세계를 선도하는 인재 이외에도 '뛰어난 교양과 전문성을 갖춘 인재',

'높은 실무 능력을 갖춘 인재'까지 세 가지 유형의 인재를 키우겠다고 제안하고

있습니다.

정부는 이같은 기준을 가지고 대학 측에 인재를 양성하기 위해 어떤 기능을

강화할 것인지 고민할 것을 요구하고 있습니다. 미래 인재의 양성을 위해

대학을 전문화하라는 것입니다.

대학의 기능분화(전문화)는 지금까지 대학들의 반발이 강했기 때문에 오랜

세월 금기로 여겨왔습니다. 그러나 사회는 점점 복잡해지고, 기업에서도 높은

전문성을 갖춘 인재와 문이과 융합의 인재를 원하는 목소리가 높아지고 있어,

정부도 대학도 전문화에 발을 들여놓을 수밖에 없을 것입니다.

하지만 정부에 의한 미래 구상이라고 하기에는 원대한 비전도 미래를

기대하게 하는 참신함도 없는 뻔한 내용으로 들릴 뿐입니다. 미래 인재상이

목표로 하는 자질도 모호하지만, 그 목표를 달성하기 위한 수단도 명시되어

있지 않습니다.

미래의 대학 교육을 위해 논의할 사항으로 문과·이과의 구분을 없애거나,
종적 조직인 학부제를 개편하거나 혹은 다른 대학과의 제휴 및 통합 등을
들고 있지만, 그것들은 지금의 연장선으로 보일 뿐입니다. 따라서 정부안을
따른다면 대학의 개혁은 기존과 다름없거나 아주 느린 속도로 이루어질
것입니다.

하지만 기업과 대학은 필사적입니다. 기업은 이전과 비교할 수 없을 정도로
경쟁 속도가 빨라지고 있으며, 이 같은 변화에 맞춰 실무 능력이 뛰어난 인재를
원하고 있습니다.
대학들도 소수의 명문 대학교 이외에는 변하지 않으면 생존할 수 없는 상황에
몰리고 있습니다. 학생 감소로 이미 사립대학교의 40퍼센트가 정원 미달을
보이고 있습니다. 살아남기 위해서는 전문성과 실무 능력을 갖춘 인재를
육성하는 교육과정으로 전환하는 것이 가장 현실적인 해법일 것입니다.
미래에는 특색이 없는 대학에 학생이 전혀 모이지 않게 될 것입니다.

공유 경제는
거대한 산업이
된다

물건을 사지 않는 사람들이 늘고 있습니다. 앞으로 이런 경향은 더욱 강해질

것입니다.

'싸지만 품질이 떨어지는 물건'은 과거 시대의 유물이 되었고, 지금은

'싸면서도 품질이 좋은 물건'이 넘쳐나 돈을 들이지 않고도 생활을 즐길 수

있는 시대가 되었습니다. 그리고 물건을 소비하는 것으로 사회적 지위를

나타내는 것은 구시대적이라는 가치관의 변화도 생겨났습니다.

이러한 소비 행태의 변화에는 몇 가지 이유가 있을 것입니다.

가장 먼저 '사지 않게 되었다'가 아니라, '사지 못하게 되었다'는 것을 첫 번째

이유로 생각할 수 있습니다. 버블 붕괴 이후 '잃어버린 30년'을 보내는 동안

일본에는 비정규직이 증가했고, 소비가 가장 왕성한 30~40대 정규직도

수입이 정체되어 갔습니다. 이러한 가운데 노후 연금은 줄어들 것이 분명하고,

미래에 대한 불안은 커지면서 절약하고자 하는 심리는 점점 강해지고

있습니다.

또 다른 이유로는 기술 혁신을 꼽을 수 있습니다.

기술의 혁신으로 '굳이 구입할 필요가 없어진 물건'이 많아졌습니다. 인터넷에

상시 접속이 가능해짐에 따라, 무료로 즐길 수 있는 동영상, 음악, 게임 등의

콘텐츠가 넘쳐납니다. 스마트폰 하나만 있으면 돈을 들이지 않더라도 즐길 수

있는 환경이 갖춰진 것입니다.

무료로 즐기는 것에는 한계가 있다는 사람도 있겠지만, 돈을 지불해도 비용은

매우 싸지고 있습니다. 월정액으로 사용할 수 있는 구독 서비스에는 영화나

책, 음악은 물론 가전, 자동차, 주택까지 선택의 범위가 넓어지고 있습니다.

그때그때 라이프 스타일에 맞춰 물건을 선택하여 사용하면 되기 때문에

불필요한 소비를 줄일 수 있습니다.

인터넷이 개인과 개인을 연결함으로써 생겨난 공유 서비스의 등장은 소비

행태의 변화에 큰 영향을 미쳤습니다.

공유하면 가장 먼저 떠오르는 것이 메루카리*와 같이 불필요한 옷 등을

벼룩시장의 형태로 사고파는 서비스입니다. 그리고 정장 대여, 우버와 같은

다양한 공유 서비스가 운영 중입니다.

원래 공유란 물건을 공유하거나 판매하는 것만이 아닙니다. 물건에 그치지

않고 공간이나 이동 수단, 자신만의 재능 등을 공유하는 것도 포함됩니다.

넓은 의미로 타인끼리 사고팔거나 빌려 쓸 수 있는 모든 것을 포함합니다.

민박이나 가사 및 육아 대행 등도 이해하기 쉬운 예가 될 것입니다. 코로나

사태에서 맞벌이 가정을 중심으로 가사 및 육아 대행의 이용이 확산되고

있다는 보도도 있었습니다.

공유 경제의 시장 규모는 2018년 18조 8,740억 원에서 2030년에는

111조 2,750억 원으로 성장한다는 예측도 있습니다.** 이 정도의 시장

규모는 제약업이나 전자부품 제조업과 같은 규모의 시장으로 성장한다는

---

*　일본판 당근마켓으로 일본의 대표적인 중고거래 어플이다.
**　공유경제협회 추산

그림 18 공유 경제의 대상은 다양하다

물건을 팔거나 빌리다

옷이나 가방 등을 대여

벼룩시장에서 판매

이동수단

자동차

자전거

공간

민박

주차장

스킬

가사 대행

부업

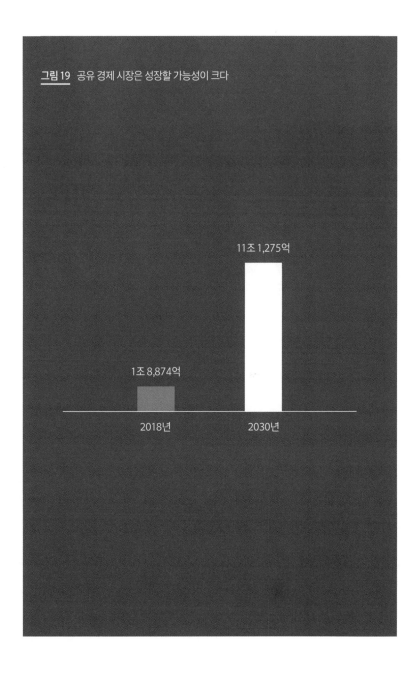

그림 19 공유 경제 시장은 성장할 가능성이 크다

11조 1,275억

1조 8,874억

2018년   2030년

의미입니다.

물론, 이 같은 예측은 공유 서비스의 인지도가 높아지고, 관련 법령의 정비와 지자체의 지원이 마련된다는 가장 긍정적인 상황을 조건으로 한 예측이기는 합니다. 하지만 이러한 조건이 없이 현재의 상황에서 예측을 해도 시장 규모는 57조 5,890억 원 규모가 될 것으로 예상됩니다. 이것은 의류업종에서 여성복 시장의 규모와 비슷한 정도로 존재감을 무시할 수 없는 시장 규모가 되는 것입니다.

가난해지는 선진국에
공유 경제는
불가피하다

3장 시작에서 언급했듯이, 공유 경제는 지금 코로나 바이러스의 역풍을 맞고

있습니다. 하지만 결론적으로 말하면 공유 경제는 사라지기는커녕 점점 커질

것입니다.

코로나 팬데믹을 예로 들어, 그 이유를 생각해보겠습니다.

코로나 바이러스로 인해 위생의식이 높아졌고, 물건을 공유하는 것을

자제하는 움직임이 나타나고 있습니다. 자동차 공유 서비스인 우버와

숙박 공유 서비스인 에어비앤비는 이미 경영 위기에 처해 정리해고를

시작했습니다.

중국에서는 철도 이용객이 절반으로 줄어들었고 자가용 사용자가

급증했습니다. 세계적으로 대중교통의 수요는 자동차 이용으로 전환되고

있습니다. 이러한 사실은 분명 공유 경제에 역행하는 현상입니다.

그렇다면 2040년 미래의 사람들은 물건이나 공간의 공유를 거부하고

중고품보다 신제품을 선호할까요? 이것에 대한 답은 NO일 것입니다.

코로나 바이러스의 유행이 한창이던 2020년 4월 일반인 2,000명을 대상으로

실시한 설문조사에서는 공유 서비스를 사용하는 가장 큰 이유로 경제적인

원인을 꼽고 있었습니다. 향후 공유 서비스에 바라는 서비스도 '소독 및

청소'(24.6퍼센트)보다도 '가격 인하'(37.1퍼센트)를 원하는 사람들이 훨씬

많은 것으로 나왔습니다.[*]

설문 조사의 내용을 보면 알 수 있듯이, 위생적인 측면에서 불안감을

느끼더라도 좀 더 싸게 서비스를 이용하고 싶고, 사고 싶은 물건을 살 수 없기

때문에 공유 서비스를 이용하고자 하는 욕구가 여전히 강하다는 것을 알 수

있습니다.

[*]   노무라 종합연구소 조사

경제적으로 풍요로워지면 사람들은 공유 서비스와 거리를 둘지도 모릅니다. 그러나 안타깝게도 일본은 그럴 가능성이 낮습니다. 일본은 경제 대국에서 쇠퇴도상국으로 퇴행하는 것이 거의 기정사실이기 때문입니다.

코로나 팬데믹으로 접촉을 피하려는 움직임도 일시적일 가능성이 높아지고 있습니다. 숙박 공유 서비스 에어비앤비는 2020년 7월 코로나 사태 이후 처음으로 하루 예약이 100만 건을 넘어섰다고 발표했습니다. 하루 예약이 100만 건을 넘긴 것은 코로나가 본격적으로 확산하기 시작한 2020년 3월 3일 이후 처음이었습니다.

앞으로도 이러한 신종 바이러스가 출현할 가능성은 있고, 그때마다 일시적으로 이용은 침체될 것입니다. 하지만 경제성장에 한계를 맞이하고 있는 선진국에서는 천천히 그리고 확실하게 공유 경제가 확산될 것입니다.

아프리카의 스토리가
패션의 중심이
된다

빠르면 2040년에는 아프리카가 '세계의 공장'이 될 것입니다.

현재 중국에서 만들어지는 의류 제품은 인건비의 상승으로 동남아시아로

생산 거점이 이동하고 있습니다. 그리고 미래에는 아프리카로 생산지가 바뀔

것입니다.

아프리카는 단순한 생산 거점이 아니라 패션의 발신지로도 주목받을

가능성이 높습니다. 이미 그 조짐은 시작되고 있습니다. 지금 패션업계에서는

아프리카의 물결이 밀려들고 있기 때문입니다.

상징적인 사건은 2018년에 일어났습니다. 럭셔리 브랜드 루이비통의

디렉터로 아프리카 가나에 뿌리를 둔 버질 아블로가 취임한 것입니다.

아프리카계 최초의 등용이었습니다.

이것은 단 한 번의 우발적 사건이 아니었습니다. 세계 유수의 패션쇼에는

아프리카계 인플루언서와 바이어들이 눈에 띄게 늘어나고 있습니다. **럭셔리**

브랜드에서도 다음 상류층 고객은 아프리카계라는 판단 아래, 이를 위한 포석을

세우기 시작했습니다.

2019년에는 젊은 디자이너의 세계적인 등용문으로 꼽히는 LVMH 프라이즈의

우승자로 남아프리카공화국의 테베 마구구가 선정되었습니다. 테베 마구구는

황토색과 빨강색 등 아프리카를 연상시키는 색상을 과감하게 사용하는

기법으로 패션계의 주목을 받았습니다.

우승은 놓쳤지만, 8명의 결승 진출자 중 하나로 선정된 나이지리아의 케네스

이제도 세계가 주목하는 젊은 디자이너입니다. 케네스 이제는 아프리카 현지

장인이 손으로 직접 짠 원단을 사용하여 주목을 받기도 했습니다.

아프리카계 디자이너의 특징은 소재 조달부터 봉제, 마감까지 의류의

생산과정을 모두 현지에서 수행한다는 것입니다. 이것 또한 패션의 미래를

구현하는 것이라는 평가가 있습니다. 유럽과 미국에서 소비되는 패션과 다른

가치관을 발견한 것입니다.

현재에서 시작해 미래를 향해 나아가는 경제계, 산업계의 테마는

'지속가능성'일 것입니다. 패션 분야도 마찬가지입니다. 생산과 판매 그리고

소비까지 이어지는 흐름에서 환경과 사회를 최대한 배려하는 패션은 이미

출현하고 있으며, 그 트렌드는 앞으로 점점 커질 것입니다.

아프리카라는 지역 내에서 완성할 수 있고, 게다가 재료에 낭비가 나오지

않도록 때로는 짜투리 원단도 사용하는 아프리카의 패션은 지속가능성이라는

'스토리'를 가지고 있다는 점에서 패션 업계의 높은 관심을 받고 있습니다.

아프리카가 패션의 세계에서 존재감을 높이는 것은 확실합니다.

이전에는 샤넬이나 베르사체 등 유럽의 하이브랜드가 아프리카 부유층에게

인기였습니다. 그들은 2주에 한 번씩 비행기로 파리나 밀라노를 방문하여

싹쓸이 쇼핑을 하곤 했었지만, 경제성장에 따라 현지에서 쇼핑하는 사람들이

증가하기 시작했습니다. 이것이 아프리카 패션 브랜드를 성장시키는

자양분이 되고 있습니다. 이러한 흐름은 앞으로 아프리카의 경제성장과 함께

더욱 가속화될 것입니다.

최근에는 아프리카 최대의 경제국인 나이지리아의 젊은층 사이에서

전통의상을 입는 것이 유행하고 있습니다. 그들은 회사의 출퇴근은 물론

결혼식, 나이트클럽에까지 공사를 불문하고 전통의상을 착용하고 있습니다.

나이지리아 아이돌 가수들이 전통의상을 걸치면서 저변이 확대되었고,

나이지리아 국경을 넘어 아프리카 전역에서 유행이 되고 있습니다. 이 또한

지속가능성의 흐름에 따른 것이라고 할 수 있을 것입니다.

2040년 우리는 아프리카 패션의 유행을 주목해야 할지도 모릅니다.

2040
미래 예측

chapter 04

천재지변은
반드시 일어난다

온난화가 계속되면
기아로 가득한
세계가 된다

세계는 지금 환경 파괴로 인한 위험이 그 어느 때보다 커지고 있습니다.

먼 미래의 일이라고 생각하는 사람도 있을지 모르지만, 2040년을 기다릴

필요도 없이 현재 일어나고 있는 일입니다. 이 또한 우리가 제대로 알아야 할

미래입니다.

4장에서는 환경 파괴, 자연재해와 같은 지구 환경에 대해 알아보려고 합니다.

그중에서도 가장 심각한 것은 지구온난화 문제입니다.

이대로 아무런 대책도 강구하지 못하면 2100년까지 지구의 평균 기온은

약 4도 정도 상승할 것으로 예상됩니다.[*] 이것이 어느 정도의 이상 기후인가 하면, 1880년부터 2012년까지 132년간 평균 기온의 상승이 1도에도 미치지 못했다는 점을 보면 지구의 기온이 얼마나 급격하게 상승하는지 알 수 있습니다.

지구의 기온이 4도 정도 상승하면 무슨 일이 일어날까요?

지구의 기온이 상승하면 당연히 바닷물의 온도도 상승합니다. 그러면 바다에 있는 거의 모든 산호초가 백화되어 멸종합니다. 산호초에는 전체 해양 생물종의 30퍼센트 이상이 서식한다고 알려져 있습니다. 결과적으로 산호초가 멸종하면 수억 명의 사람들의 식량 문제가 발생하는 것입니다.

기온이 올라가면 생물들은 서식하기에 적합한 환경을 찾아 이동하지만, 이동 속도가 늦거나 이동이 불가능한 경우 멸종하게 됩니다.

그리고 생태계에 공백지대가 생기면 소형 생물의 대형화가 발생합니다.

쥐가 토끼 크기가 되어도 이상하지 않은 것입니다.

바닷물의 온도가 상승하면 북극의 해빙이나 내륙에 있는 빙하를 녹여

---

[*] 유엔 기후변화 정부 간 패널(IPCC) 발표

해수면도 상승하게 됩니다. 2030년에는 해수면이 지금보다 적어도

15센티미터 이상 상승할 것이라는 예측도 있습니다.

해수면이 상승하면 무슨 일이 일어날까요?

예를 들어, 지중해의 해수면이 20~50센티미터 상승하면 최악의 경우

이집트 알렉산드리아의 제방이 무너져 알렉산드리아에 있는 인류의 유산은

붕괴합니다. 동남아시아의 경우 2030년경에는 해수면이 75센티미터까지

상승할 가능성이 있다고 하는데, 이 예측대로 진행된다면 태국의 수도 방콕은

3분의 2가 수몰해버립니다.**

2100년이라고 하면 먼 미래라고 생각할지도 모르지만, 의료 기술의 발전으로

인간의 수명이 100살을 넘길 것을 감안하면, 현재 20세 미만의 자녀들이

살아가는 세계인 것입니다.

최악의 경우, 2100년의 일본은 열대기후가 되어 도쿄의 기온은 40도를

넘어서고 밤에도 30도 이하로 떨어지지 않습니다. 쌀은 더 이상 재배할 수

없어 대신 바나나와 파인애플을 재배하고 있을지도 모릅니다.

** 《자크 아탈리의 미래 대예측》

지구온난화의 가장 큰 문제는 식량 부족입니다. 그렇지 않아도 세계적인 인구 증가로 식량이 부족한 가운데 물 부족과 함께 작물의 수확량은 줄어듭니다. 아프리카에서는 옥수수 등을 재배할 수 있는 경작지가 지금의 절반 이하로 줄어들 수 있습니다.

이렇게 되면, 농작물의 가격은 당연히 상승합니다. 현재 자급자족이 가능한 나라도 온난화가 진행되면 자급자족이 어려워지고 기아가 속출합니다. 기아에 시달리는 나라들은 식량을 확보하기 위해 이웃 나라와 전쟁을 일으킬 수도 있습니다.

뜬금없는 이야기로 들릴지도 모르지만, 우리는 너무 오랫동안 평화를 누렸기에 현실감이 없을 뿐입니다. 이대로 손을 놓고 있으면 식량 부족은 정해진 미래입니다. 기아가 만연하고 식량 자원을 위해 전쟁을 하는 것은 아프리카와 남아시아에서 얼마 전까지 일어나고 있었던 이야기입니다.

지구온난화는 지구 환경이 악화된 것이 가장 큰 원인입니다. 지구온난화로 인한 자연재해는 이미 시작되고 있습니다.

우선
내가 사는 지역을
잘 알아야 한다

지난 몇 년간, 태풍의 피해가 커지고 있습니다. 지구온난화로 태풍이

대형화되면서 강수량이 증가한 것입니다. 이것은 일회성의 일이 아니라

앞으로도 계속 이어질 것입니다.

2019년 가을에 발생한 태풍 19호는 일본 열도에 씻을 수 없는 상처를

남겼습니다. 사망자만 104명에 71곳의 하천에서 142곳이 붕괴하여 10만

1,673동의 주택에 피해를 입혔습니다. 태풍 19호는 수도권이나 지방에

관계없이 누구나 수해에 당사자가 될 수 있다는 것을 실감시켰습니다.

이것은 기상예보의 예측치보다 훨씬 큰 피해였습니다. 사이타마현에서는 3일간 500밀리미터의 강수량을 예측하였지만, 실제 강수량은 예측을 넘어서는 약 650밀리미터였습니다.

다만, 도쿄에서는 지하철 노선과 맞닿은 두 곳의 제방이 붕괴될 것을 우려했지만, 예측보다 피해가 훨씬 컸던 태풍에도 불구하고 제방이 붕괴하지 않았던 것은 다행이었습니다. 이럴 때를 대비하여 설치되어 있었던 치수 시설이 풀가동하여 침수를 막았던 것입니다.

도쿄의 경우, 아라카와강, 에도강, 스마다강 사이에 있는 지역이 해발 제로미터 지대입니다. 해발 제로미터 지대란, 만조 시에 지면이 해수면보다 낮은 토지를 말합니다. 만약 지난 태풍으로 아라카와강의 제방이 붕괴했다면 대규모 수해를 피할 수 없었을 것입니다.

과거 수도권에서는 대규모 수해가 반복적으로 발생해왔습니다. 예를 들어, 1947년 카스린 태풍의 경우 토네강의 제방이 붕괴하여 도쿄 동부의 해발 제로미터 지대가 침수되었습니다. 카스린 태풍으로 도쿄에서만 약 9만 호가 침수되었고, 관동지역 전체로는 약 30만 호가 침수의 피해를 입었습니다.

지난 태풍에서 도쿄의 제방 붕괴를 막았던 치수 시설이 '지하 신전'으로 불리는

수도권 외곽 방수로입니다. 방수로란, 홍수의 피해를 막기 위해 하천 중간에

지하 수로를 만들어 다른 하천으로 물길을 돌리는 인공 수로를 말합니다.

세계 최대의 방수로로 알려져 있는 이 수도권 외곽 방수로는 길이

6.3킬로미터에 직경 30미터, 깊이 70미터의 거대한 지하 운하와

높이 18미터, 무게 500톤에 달하는 기둥 59개가 떠받치는 대형 압력조절

수조로 이뤄져 있습니다.

태풍 19호가 배출한 물의 양은 3일 동안 약 1,150만 톤이었다고 합니다.

50미터 수영장 7,600개를 채울 정도의 엄청난 양이었던 것입니다.

지난 태풍에서 방수로가 있는 지역에서 약 1,200호의 침수 피해가

발생했는데, 같은 규모의 강수량을 기록했던 1982년 태풍 18호와 비교하면

피해가 20분의 1에 그쳤다고 하니, '지하 신전'의 존재감을 간접적으로 느낄 수

있었습니다.

만약 토네강의 제방이 무너져 수몰이 발생했었다면 경제 손실은 300조 원이

넘었을 것이라는 예측이 있습니다. 1947년 카스린 태풍으로 토네강의 제방이

붕괴했을 때, 침수 지역의 거주자는 60만 명이었습니다. 그러나 지금은 같은

지역에 200만 명이 넘는 거주자가 살고 있다는 점을 감안하면 인명 피해도

적지 않았을 것입니다.

당시보다 인구 밀도는 높아졌지만, 고령화가 진행되어 피난도 쉽지 않은

상황이기 때문입니다.

천재지변은
스스로 판단할 수밖에
없다

정부와 지자체는 위험한 지역의 치수 정비를 추진하고 있지만, 막대한 비용과

시간을 필요로 합니다. 수도권 외곽 방수로 정비에만 약 2조 3,000억 원의

비용이 필요할 것으로 예상됩니다. 앞으로 빠른 속도로 대책을 마련한다고

해도 준비는 늦을 수 있습니다.

물론 과거에 비하면 제방이나 유수지 등의 정비는 나아졌지만, 주택과 인구

또한 증가했습니다. 하천이 합류하는 지점같이 사람이 살기에 적합하지

않은 토지도 주택지로 바뀌어 갔습니다.

집을 구입할 때 가격이나 편의성을 따져보지만, 내가 사는 곳의 지형을

의식하는 사람은 의외로 적습니다. 언제 닥칠지 모르는 홍수의 위험보다는

경제적인 이유가 우선되기 때문입니다.

야마나시대학교의 하다 야스노리 교수는 침수 위험이 높은 지역의 인구

변화를 조사한 적이 있습니다. 야스노리 교수에 의하면 침수 위험이 높은

지역의 인구는 1995년 이후 줄곧 증가하여 20년간 4.4퍼센트 증가한

3,540만 명이 위험 지역에 살고 있다고 합니다.

일본의 인구는 2008년 정점을 찍고 감소세로 돌아서고 있는데, 수해의

위험으로 논밭조차 되지 않았던 지역에 사는 사람은 계속 증가하고 있는

것입니다.

그뿐만이 아닙니다. 수해로 위험한 지역에 노인 복지 시설이 많이 들어서고

있다는 점도 문제입니다.

침수 위험이 높은 지역에 위치한 대피 시 도움이 필요한 시설(병원, 노인 및

장애인 시설)은 전국에 7만 7,964곳이 있으며, 그중에서 요양보호소를 비롯한

사회복지시설이 6만 1,754곳이라고 합니다.

만약, 도쿄만이 범람하면 사망자 수는 7,600명에 고립자 수는 80만 명이

될 것이라고 합니다. 또한 토네강이 수도권에서 범람하면 사망자 수는 2,600명에 고립자 수는 110만 명에 육박할 것이라고 합니다.

2005년 미국을 강타한 허리케인 카트리나의 피해자가 약 1,800명이니 얼마나 막대한 피해를 입힐 것인지 상상할 수 있을 것입니다.

치수 정비가 다른 지역보다 잘 갖춰진 수도권의 주민들은 태풍이 온다는 뉴스를 접해도 남의 일처럼 느낄지도 모릅니다. 그러나 '수도권은 예외'라는 인식은 지금이라도 버려야 합니다. "하천은 옛 모습을 기억한다"라는 말이 있습니다. 강이 범람할 때 물은 낡은 물길을 따라 흐른다고 합니다. 지금의 수도권은 수백 년간의 개발로 과거 하천의 모습을 유지한 곳이 거의 없기 때문에 수해의 피해가 어떤 식으로 일어날지 아무도 모르는 상황입니다.

재해로부터 자신을 보호하기 위해서는 거주 지역의 재해 이력이나 과거의 지형을 이해하는 것이 중요한 체크포인트입니다. 특히, 지진에 비해 태풍은 대피를 할 수 있는 시간적 여유가 있기 때문에 미리 위험요소를 파악해두었다가, 위험하다고 판단되면 빠르게 대피를 할 수 있도록 준비를 해야 할 것입니다.

지자체
홍수위험지도를
찾아보자

내가 사는 곳의 재해 위험을 파악하는 것은 쉽지 않을 수도 있습니다. 이런

경우에 꼭 찾아봐야 할 것이 지자체에서 제작하는 홍수위험지도입니다.

예를 들어, 도쿄도 에도가와구에서는 2019년 5월 홍수위험지도를 11년

만에 개정하여 약 34만 가구에 배포했습니다. 에도가와구는 동쪽으로는

에도가와 서쪽으로는 아라카와라는 하천이 흐르고, 남쪽으로는 도쿄만에

접해 있습니다. 즉, 관동지방에 내린 비의 대부분이 에도가와구로 모여드는

것입니다. 그리고 육지의 약 70퍼센트가 해발 제로미터 지대로 도쿄 지역에서

가장 수해가 일어나기 쉬운 곳입니다.

홍수위험지도에서는 에도가와구가 지리적으로 얼마나 위험한 지역인지를

나타내어 행정 구분이 아닌 유역 단위로 피해를 예측하고 있습니다. 그리고

지도에 "지역에 머무는 것은 위험합니다!"라고 기재하여, 홍수 위험이

닥치면 다른 지역으로 광역 피난을 떠날 것을 호소하고 있습니다. 지자체가

도망치라고 사전에 권유하고 있는 것입니다.

빠르게 다른 지역으로 피난을 떠나면 문제가 없지만, 피난에 늦을 경우를

대비하여 대피로나 인근의 대피소 등도 확인하는 것이 좋을 것입니다.

2019년 7월 기상청은 규슈지방에 호우경계를 내리며 회견을 열었는데요.

이 회견은 관계자들 사이에서 화제가 되었습니다. 회견에 나온 예보관이

"주민들은 자신의 목숨은 스스로 지켜야 하는 상황을 인식하고 조속한

대피를 해주기 바란다"라고 말했기 때문입니다.

예보관이 주민에게 직접 피난을 호소한 것은 이례적이었습니다. 지금까지

행정부는 "위험하다", "피난하기 바란다"와 같이 순차적인 지시를 내렸지만,

스스로 판단하고 피난할 것을 공언한 것입니다.

최근에는 대형 태풍이나 여름철 고온 환경 등과 같이 사람의 예상을 뛰어넘는 재해가 반복되고 있습니다. 물론 행정 정보 공개는 중요하지만 정부의 지시나 분석이 절대적으로 옳다고 할 수도 없습니다.

애초에 지금까지의 기상 상식으로는 생각할 수 없기 때문에 이상 기후라고 하는 것입니다.

미래의 기상 상황이 어떻게 변할 것인지 예측하기 어려운 만큼 이제는 "내 몸은 내가 지킨다"는 의식을 누구나 머릿속에 가져야 할 것입니다.

대지진이 발생하면
지진이 연동하여
발생한다

멀리 않은 미래에 확실하게 발생한다고 알려진 대지진으로 난카이 트로프

지진과 수도권 직하형 지진이 있습니다. 이들 대지진은 미래에 어느 정도의

확률로 발생할까요?

리히터 규모 9급*의 난카이 트로프 지진은 30년 이내에 발생할 확률이

70~80퍼센트, 리히터 규모 7급의 수도권 직하형 지진은 30년 이내에 발생할

---

* 리히터 규모 7급의 피해 정도는 아파트 등 큰 빌딩이 무너질 정도이며, 리히터 규모 9급의 피해
  정도는 대규모 지각 변동으로 땅이 갈라지고 지면이 파괴되는 정도이다. 관측사상 가장 큰 규모
  의 지진은 1960년 칠레 대지진으로 리히터 규모 9.5로 추정된다.

확률이 70퍼센트로 예측하고 있습니다. 이는 우리가 30년 이내에 교통사고로 다치거나 죽을 확률(1.05퍼센트)보다 훨씬 높은 것입니다.[**]

예측되는 피해도 엄청납니다. 난카이 트로프 지진은 사망자와 실종자가 23만 1,000명에 전파 및 전소되는 건물이 209만 4,000동으로 추정하고 있습니다. 수도권 직하형 지진 역시 사망자와 실종자가 2만 3,000명에 전파 및 전소되는 건물이 61만 동을 넘어설 것으로 예측합니다.
인적 피해만 보더라도 피해가 막대하지만, 수도권과 도카이 지역이라는 일본의 뼈대가 타격을 입게 되어 경제의 타격 또한 피할 수 없을 것입니다.

전기와 상하수도와 같은 인프라나 대중교통이 장기간 마비되어 몇 주 동안 지속될 수 있습니다. 수도권 직하형 지진의 경우, 피난민이 720만 명에 달할 것으로 예상되며 혼란을 수습하기까지는 수십 년이 필요할 수도 있습니다.

지진 발생부터 20년간의 경제 손실은 수도권 직하형 지진의 경우 7,780조 원, 난카이 트로프 지진의 경우 1경 4,100조 원이 될 것이라고 추정하고 있습니다.

[**] 1년간 교통사고로 사상할 확률을 0.528%로 추산한 경우

그림 20 대지진의 피해 예측

난카이 트로프 지진

발생 확률	30년 이내 70~80%
사망자·실종자	23만 1,000명
전파·전소 건물	209만 4,000동

수도권 직하형 지진

발생 확률	30년 이내 70%
사망자·실종자	2만 3,000명
전파·전소 건물	61만 동

일본의 연간 국가 예산이 약 1,000조 원이라는 점을 감안하면, 피해가 얼마나 클 것인지를 알 수 있습니다.

하지만 이 예측도 어쩌면 별것이 아닐지도 모릅니다.

정부가 난카이 트로프 지진의 피해를 이전보다 낮게 잡았기 때문입니다.

국민의 방재의식이 높아졌다는 이유인데, 과연 국민의 방재의식이 어느 정도 높아졌기에 일본이 처한 국난급 위기의 피해를 줄일 수 있을까요?

전문가에 의하면 난카이 트로프 지진은 다른 지역의 지진과 연동되어 발생할 가능성이 높다고 합니다. 난카이 트로프 지진을 시작으로 일본 전체가 지진의 피해로 마비될 수 있다는 것입니다.

게다가 그 시기를 전후하여 수도권 직하형 지진이 발생할 위험도 안고 있습니다. 수도권 지역은 두 개의 대지진으로 엄청난 타격을 입을 수도 있는 것입니다.

그러나 이 정도의 위기가 예측되는 상황에서도 정부는 근본적인 대책을 마련하지 않고 있습니다. 예를 들어, 수도권 직하형 지진의 경우 예상되는 사망자의 70퍼센트가 화재 때문에 사망한다고 합니다. 피해 지역에서 약 2,000건의 화재가 발생하고, 그중에서 약 600건은 화재 진압이 늦어져 동시다발적으로 대형 화재가 발생할 것으로 예측하고 있습니다.

건물의 과밀도를 줄이고 내진 강화를 철저히 하면 예상되는 사망자를 10분의 1로 줄일 수 있다는 대책이 제시되고 있지만, 이를 위한 정책은 추진되고 있지 않습니다.

간접적인 경제 손실 또한 도로, 항만, 제방과 같은 인프라 시설에 내진 공사를 시행하면 피해를 줄일 수 있습니다. 이러한 대책에는 약 100조 원이 필요하지만 7,780조 원의 피해액을 5,300조 원 정도로 줄일 수 있다는 추산이 있습니다.

재원의 문제를 지적하는 목소리도 있을 수 있습니다. 그렇다면 수도권에 집중된 경제활동을 지방으로 분산하는 것을 검토해야 합니다. 수도권에 집중된 경제활동의 30퍼센트를 지방으로 분산하면 수도권 직하형 지진으로 인한 피해를 2,190조 원 정도 줄일 수 있을 것으로 추산하고 있기 때문입니다.

후지산이 폭발하면
세계 경제는
멈춘다

재해대국인 일본에서 상정하지 않으면 안되는 위험은 지진뿐이 아닙니다.

만일 수도권에서 화산의 대분화가 일어난다면 영향은 광범위하게 미칠

것입니다. 교토대학교 가마타 히로키 교수는 "화산학적으로 후지산은

100퍼센트 분화합니다"라고 단언하고 있습니다.

현재 일본의 활화산은 111개로 이중 50개는 상시 관측이 필요한 화산으로

기상청이 24시간 감시하고 있습니다. 예를 들어, 2019년부터 소규모 분화가

계속되는 아사마산이 있습니다. 아사마산은 에도시대에 대폭발로 1,600명

규모의 사망자를 냈고, 분화가 90일 동안 지속되어 화산재가 도쿄까지 쏟아졌다고 합니다.

일본의 대표적인 화산인 후지산이 마지막으로 대규모 분화한 것은 1707년입니다. 그 당시 후지산은 16일간 분화가 계속되었고, 도쿄에는 5센티미터 요코하마에는 10센티미터의 화산재가 쌓였다고 합니다. 5센티미터라고 하면 그리 대단하지 않을 것처럼 생각하는 사람도 있지만, 단 몇 밀리미터의 화산재가 쌓이기만 해도 차도는 통행 불능이 되고 비행기 등의 엔진은 가동이 불가능하여 대중교통과 물류는 멈추게 됩니다.

인프라의 붕괴는 교통에 머무르지 않습니다. 도쿄만 주변에 집중된 화력발전소는 화산재를 빨아들여 가동이 멈추고, 컴퓨터에 화산재가 들어가면 통신 시설도 다운될 것입니다. 화산재의 무게로 인해 송전선이 끊어지면 정전은 장기화됩니다. 당연히 농작물의 피해도 심각할 것입니다. 수백 년 전에 일어난 분화 사례를 참고하여 예측하면 이러한 지옥도가 펼쳐집니다.

망상에 빠진 이야기로 비칠지도 모르지만, 현대의 대도시가 화산의 대규모

분화로 영향을 받은 경우가 세계적으로 적기 때문에 실제 피해는 아무도

모릅니다.

다만, 정부가 추산한 수도권의 피해는 대분화가 일어난 후 15일째에 도쿄에

10센티미터의 화산재가 쌓이고, 5억 입방미터의 화산재를 치워야 한다고

합니다. 이것은 동일본 대지진으로 발생한 폐기물량의 10배에 해당되는

규모입니다.

참고로 화산의 피해로부터 도망치려 해도 분화가 발생하고 약 3시간 만에

도심은 화산재의 직격탄을 맞기 때문에 해외로 도망치는 것은 물론, 국내에서

피난을 가는 것도 어려운 상황입니다.

후지산이 대폭발을 하면 아마도 1년 이상은 수도권이 제 기능을 못하게 되고,

멈춰선 일본 경제 때문에 세계 경제는 충격을 받아 전 세계 GDP는 5퍼센트

정도 하락할 것입니다. 당연히 주가는 절망적으로 하락하고 부동산 가치는

휴지조각이 될 것입니다.

지난 300년간 일본에서 화산의 대규모 분화가 없었다고 하지만 역사적으로

봤을 때, 이는 예외적인 경우입니다. 반대로 말하면 화산의 대폭발은 언제

발생해도 이상하지 않다고 할 수 있습니다.

온난화로
전쟁이
일어난다

미래에도 전쟁은 끊임없이 일어날까요?

자본주의 선진국들이 지금처럼 번영하기까지 식민지에서의 수탈이 큰

역할을 했다는 것에 이론은 없을 것입니다. 과거 선진국들은 식민지의 자원을

둘러싸고 서로 충돌을 했었습니다.

전쟁의 이유는 기본적으로 자원과 부의 수탈이기 때문입니다.

지구온난화로 인해 이상 기후가 계속되면, 가장 우려되는 것이 식량 자원의

탈취입니다. 전 세계적으로 인구가 계속 증가하는 미래에는 식량 부족이

우려되지만, 이상 기후는 식량난에 박차를 가할 것입니다. 지구온난화로

농작물은 지금과 같이 자라지 못하고, 식량 생산에 적합한 토지가 해마다

줄어들기 때문입니다.

특히, 남반구는 아직까지 1차산업(농업, 어업, 임업, 광업)의 비율이 높기

때문에 사활이 걸린 문제가 될 것입니다. 남반구에서 생산되어 북반구에

팔리는 것을 '남북상품'이라고 하는데, 남반구의 경제를 지탱해온 남북상품은

지구온난화로 인해 이미 어려움에 처하고 있습니다.

대표적인 남북상품인 커피의 경우, 커피 생산의 60퍼센트 정도를 차지하는

아라비카종의 생산지가 지구온난화로 인해 2050년에는 지금의 절반 정도로

줄어들 위험이 있다고 합니다. *

2040년의 기온은 산업혁명 때보다 2도 이상 상승할 것으로 예상됩니다.

그렇게 되면 가뭄과 폭염을 포함한 이상 기후는 일상이 될 것입니다. 인도와

중동의 도시에서는 말 그대로 목숨을 건 외출을 해야 할지도 모릅니다.

아프리카에서는 2050년까지 영양실조 아동이 1,000만 명 증가하고,

* 월드커피리서치(WCR) 조사

2100년까지 강수량이 40퍼센트 감소하여 경작지가 최대 90퍼센트 감소할 것이라는 예측도 있습니다.

2040년 미래에는 기후 리스크가 이밖에도 셀 수 없이 많이 발생할 것입니다. 지구온난화뿐만 아니라 메뚜기 떼의 발생과 같이 과거에는 30년에 한 번 발생할까 했던 일들이 매년 세계의 어딘가에서 일어나는 것을 뉴스를 통해 접하게 될지도 모릅니다.

이러한 상황이 개선되지 않는다면 당연히 식량 가격은 상승하고 빈곤은 더욱 만연해지며, 식량 자원을 둘러싼 전쟁이 일어나지 않는다고 누구도 장담하지 못할 것입니다.

물은
가장 중요한
자원이 된다

1995년 세계은행 부총재였던 이스마일 세라겔딘은 "20세기의 전쟁이 석유를 차지하기 위한 전쟁이었다면, 21세기의 전쟁은 물을 확보하기 위한 전쟁이 될 것이다"라는 경고를 했습니다.

지구온난화로 인한 식량 부족도 문제지만, 그 전에 심각한 물 부족이 발생할 수 있습니다. 결국, 미래에는 물이 석유보다 귀한 자원이 될 것입니다.

이미 아프리카에서는 기후변화로 인해 2억 5,000만 명이 물 부족에 직면하고 있으며, 2050년이 되면 아시아에서도 물 부족이 발생할 것으로 예상됩니다.

전 세계 10억 명이 물 부족에 직면하고, 도시 지역에서 이용할 수 있는 물은

지금의 3분의 2로 줄어들 것입니다.*

앞서 언급했지만, 물 부족으로 전쟁이 일어날 수도 있습니다. 일찍이 이집트,

수단, 에티오피아는 나일강의 이권을 두고 다투었지만 물 부족으로 갈등은

더욱 심각해질 것입니다.

미국 국가정보장실에서 정리한 보고서에 의하면 미래에는 물이 부족해지고

물 부족이 분쟁의 씨앗이 될 것이라고 언급하고 있습니다. 물의 확보를

둘러싸고 큰 강 주변의 국가들에서 긴장이 고조되고, 강 상류의 국가들이 물을

독점하거나 강의 흐름을 막은 댐 등을 노린 테러가 발생할 우려가 있다는

것입니다.

이 보고서는 물 부족을 둘러싸고 전쟁이 일어날 위험을 분석하기 위해

국무부의 지시로 작성된 것으로, 그만큼 기후변화와 물 부족이 야기하는

사태를 우려하고 있다는 것입니다.

참고로 현재 가장 심각한 물 부족을 겪고 있는 지역은 중국, 인도, 파키스탄이

---

* 　세계은행 발표

위치한 지역으로 이들 국가는 모두 핵무기를 보유한 국가입니다. 미국이

'세계의 경찰' 역할을 충분히 수행하고 있다면, 갈등이 발생하더라도 합의점을

찾을 수 있었을지 모르지만, 지금은 가장 최악의 시나리오를 상정해야 할

것입니다.

기후변화가 초래하는 불안이나 연쇄반응은 최악으로 전개된다고

널리 알려져 있습니다. 기온과 폭력의 관계를 수치화하는 연구에 따르면

평균 기온이 0.5도 오를 때마다 무력 충돌의 위험은 10~20퍼센트씩

높아진다고 합니다.

문제는 지구온난화로 평균 기온이 얼마나 오를지 모른다는 것입니다.

평균 기온 상승과 관련된 몇 가지 시나리오가 존재하지만, 현재 시점에서는

2040년에 평균 기온이 얼마나 오를지 특정하기는 어렵습니다. 대기의 성분

변화가 어느 정도로 기후변화에 영향을 미칠지 예측할 수 없기 때문입니다.

또한, 앞으로 20년 동안 세계에서 어떤 에너지가 얼마나 사용될지, 농업과

임업 등이 신흥국에서 어느 정도로 확산될지 등 불확실성이 너무 높습니다.

그렇지만 어떤 상황이라고 해도 2040년의 세계는 분명 지금보다 더워질 것은

그림21 물 부족으로 전쟁이 발생할 수 있다

온난화로 아시아도 심각한 물 부족

 10억 명이 물 부족에 직면
식수가 지금의 **3분의 2로 감소**

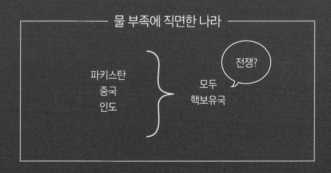

틀림없는 사실입니다.

지구온난화는 세계의 인구가 계속 증가하고 경제활동이 계속되는 한 피해갈

수 없는 미래입니다. 당신의 모든 경제활동과 소비활동이 지구온난화의

원인이 되고, 그것이 미래에 갈등의 계기가 될 수 있다는 점은 우리가 확실히

알아야 합니다.

솔직히 4장에서는 별로 해결책을 제시하지 않고 최악의 시나리오만

소개했습니다. 미래에 대해 불안한 감정을 느끼는 사람도 있을 것 같습니다.

4장에서 언급한 항목들이 자연재해인 만큼 예측이나 대책도 어려운 것이

사실입니다. 하지만 개인적으로는 1장에서 제시한 것과 같이 기술의 발전이

자연재해의 문제도 어느정도 해결해줄 것이라고 낙관적인 생각을 갖고

있습니다.

그렇다고 기술이 해결해줄 것이라는 근거를 제시하는 것은 어렵습니다.

100년 전의 사람들이 100년 후에는 지진의 발생과 화산의 분화를 완벽하게

예측할 수 있을 것이라고 생각했지만, 아직도 우리는 정확하게 예측을 하지

못하고 있습니다.

하지만 한편으로는 사라질 것이라는 석유는 고갈되지 않았고, 핵전쟁도

일어나지 않았습니다. 공해가 심각해져 사람이 살 수 없는 지역도 나오지 않았습니다.

위기에 직면해도 새로운 기술로 문제를 해결해온 것이 인류입니다. 이 책을 여기까지 읽어온 독자라면 십분 이해했으리라 믿습니다.

그리고 20년 전의 당신이 지금의 삶을 상상할 수 없을 정도로 기술의 진전이 있었다는 점을 생각하면, 자연이 가져올 위기에 대해서도 기술이 해결책을 제시해 줄지도 모른다고 생각해야 하지 않을까요?

지진도 태풍도 온난화도, 앞으로 20년 후의 미래에는 지금 당신이 필사적으로 고민하고 생각하는 광경과 다른 모습으로 당신을 기다리고 있을 것입니다.

에필로그

이 책을 끝까지 읽어주신 독자들은 느꼈겠지만, 이 책이 예측하는 2040년의 미래는 꽤 어두운 편입니다. 희망을 품게 하는 미래 예측 시나리오도 어느 정도 제시했지만, 전체적으로 절망적인 기분을 느낀 사람도 적지 않을 것입니다.

마지막으로 말씀드리고 싶은 이야기는 그렇게까지 비관할 필요는 없다는 것입니다. 왜냐하면 어느 시대나 늙은이는 미래를 비관하고 젊은이는 미래를 낙관하기 때문입니다.

나이가 젊어질수록 낙관적인 경향이 있는 것은 분명합니다. 이 책을 읽으신 독자들도 고등학생 시절보다 중학생 시절이, 중학생 시절보다 초등학생 시절이 낙관적이었을 것입니다. 갓난아이 때에는 아무것도 하지 않아도 내일이 오고, 울기만 해도 밥을 먹을 수 있다고 생각했을 것입니다. 아마

기억은 없을 테지만요.

즉, 65세인 저자가 이 책에서 말하는 것을 모두 정면으로 받아들일 필요는 없습니다. 이야기의 절반만 받아들여도 상관없습니다. 하지만 밝지 않은 미래라 해도 미래를 준비할 필요가 있습니다. 좋은 시절에 준비가 부족한 것은 기회를 놓치는 것뿐이지만, 나쁜 시절에 준비가 부족한 것은 생존에 직결되기 때문입니다.

지금부터 10년 후 일본이 후진국이 될 일은 없겠지만, 경제성장기와 같이 매년 두 자릿수의 성장은 바랄 수도 없고 마이너스 성장을 안 하면 다행일 것입니다. 자연재해의 피해도 억제할 수는 있어도 위험이 사라지게 할 수는 없을 것입니다. 즉, 곤란의 크기는 다르겠지만 어려움에 직면하는 것을 피할 수 없는 미래가 기다리고 있습니다.

그렇다면 우리는 어떻게 하면 좋을까요? 마지막으로 한 가지 조언을 하자면, 나라를 잊으라는 것입니다. 국적을 바꾸라는 이야기가 아닙니다.
나라를 잊고, 나라에 의지하지 말라는 것입니다.

좀 생각해보겠습니다. 지난 10년 동안 나라는 달라졌을까요? 정권이 바뀌든 전에 없는 장기 정권이 출범하든 특별히 변한 것은 없습니다. 그리고 전 세계를 공포에 빠뜨린 코로나 바이러스 조차 나라를 크게 바꾸지는 못했습니다.

경험이 풍부한 정치가나 관료들도 나라를 바꿀 수 없으니까, 어쩌면 앞으로도 나라가 크게 바뀔 일은 없을 것입니다. 정치인의 능력이 부족하다는 의견으로 들릴 수도 있는데, 그럼 민간은 바뀌었습니까?

GAFA와 같은 기업이 일본에서 태어날 조짐은 전혀 보이지 않습니다. 아직도 산업계에서는 "과거 소니의 워크맨과 같은 제품을 지금 기업들은 왜 만들지 못하는가?"라고 정색하고 있습니다. 소니의 워크맨이 세계를 석권한 것이 1980년대입니다. 당시 태어난 아이들이 이미 중년에 접어들 정도의 세월이 흘렀다는 것에 산업계는 어느 정도 자각하고 있을까요?

즉, 정치의 세계도 민간의 세계도 우수한 인재가 밤낮없이 일해도 세상을 바꾸지 못하는 시대에 살고 있는 것입니다. 그리고 앞으로의 시대는 더욱 어려워질 것입니다.

지금, 이 책을 읽고 있는 당신은 나라를 잊고, 앞으로의 시대에 어떻게

살아남을지를 먼저 생각해야 합니다. 어떻게 하면 행복한 삶을 살 수

있는지에 모든 에너지를 쏟을 것을 추천합니다.

살아남기 위해서는, 행복하기 위해서는 환경에 적응해야 합니다.

살아남는 것은 우수한 사람이 아니라, 환경에 적응한 사람임은 역사가

증명하고 있습니다.

환경에 적응하기 위해서는 나에게 주어진 환경을 잘 아는 것이 중요합니다.

인간은 상상력을 뛰어넘는 현실에 당해낼 재간이 없습니다. 그렇기 때문에

최악의 사태를 미리 준비해야 우왕좌왕하는 일이 없을 것입니다.

최악의 상황을 상정하여 미래를 예측하면, 당신의 인생은 그보다 더 나빠지지

않을 것입니다. 그리고 미래를 늘 예측하고 있다면, 당신을 기다리는 미래는

아무것도 모르고 있었을 때와는 다른 미래가 기다리고 있을 것입니다.

20

40

20